# А.С. ПУШКИН
# ПИКОВАЯ ДАМА

# A.S. PUSHKIN
# THE QUEEN OF SPADES

EDITED BY J. FORSYTH

RUSSIAN
STUDIES

PUBLISHED BY BRISTOL CLASSICAL PRESS
GENERAL EDITOR: JOHN H. BETTS
RUSSIAN TEXTS SERIES EDITOR:
NEIL CORNWELL

First published in 1963 by Bradda Books Ltd
Second edition published in 1984 by Basil Blackwell Ltd

This edition published in 1992 by
Bristol Classical Press
an imprint of
Gerald Duckworth & Co. Ltd
61 Frith Street
London W1D 3JL
e-mail: inquiries@duckworth-publishers.co.uk
Website: www.ducknet.co.uk

Reprinted 1993, 1996, 1998, 2001 (twice)

A catalogue record for this book is available
from the British Library

ISBN 1-85399-313-1

Printed in Great Britain by
Antony Rowe Ltd, Eastbourne

PUSHKIN

THE QUEEN OF SPADES

Over sixty Russian Texts are available or in production in this series, all with English introduction and notes. They include the following:

*Pushkin: Boris Godunov*, V. Terras
*Pushkin: The Bronze Horseman*, Michael Basker
*Pushkin: Eugene Onegin*, A. Briggs & F. Sobotka
*Pushkin: Little Tragedies*, V. Terras
*Pushkin: The Queen of Spades*, J. Forsyth
*Pushkin: Tales of the Late Ivan Petrovich Belkin*, A. Briggs

In the Critical Studies series:
*Pushkin's The Queen of Spades*, N. Cornwell
*Pushkin's The Bronze Horseman*, A. Kahn
*Pushkin's Eugene Onegin*, S. Dalton-Brown

Text with Translation:
*Pushkin: Selected Verse*, J. Fennell

# ALEXANDER SERGEEVICH PUSHKIN
## BRIEF CHRONOLOGY

**1799**      Born in Moscow

**1811—17**  Attends newly-opened Lycée for young noblemen at Tsarskoe Selo. Writes many poems.

**1817—20**  Leading a riotous life in St. Petersburg; writing liberal odes and epigrams.

**1820—24**  Arrested, exiled to South (Ekaterinoslav, Caucasus, Crimea, Bessarabia).

**1820**      «Руслáн и Людмѝла» (long poem) published — great success. Writes «Кавкáзский плéнник» (long poem).

**1823**      Begins «Евгéний Онéгин» (novel in verse): Ch. I. published 1825.

**1824**      Writes «Цыгáны» (long poem).

**1824—26**  Exile at Mikháilovskoe.

**1825**      Writes drama «Борѝс Годунóв»; lyric «К А. П. Керн». Decembrist Revolt.

**1826**      Permitted to return to Moscow; lyric «Проро́к».

**1827**      Begins novel «Арáп Петрá Велѝкого»; lyric «Во глубинé сибѝрских руд».

| 1828 | Writes long poem «Полтáва»; lyric «Поэ́т и толпá». |
|------|--------------------------------------------------------|
| 1830 | Bóldino autumn: finishes «Евгéний Онéгин»; «Мóцарт и Сальéри», lyric «Бéсы», «Пóвести Бéлкина». |
| 1831 | Marriage to Natalya Goncharova; move to St. Petersburg. |
| 1833 | Visits Urals for *History of Pugachev Rebellion*. Writes «Пи́ковая дáма», «Мéдный всáдник», lyric «Не дай мне Бог сойти́ с умá». |
| 1836 | Finishes novel «Капитáнская дóчка»; lyric «Пáмятник». |
| 1837 | January: duel and death. |

# INTRODUCTION

## I

Pushkin turned seriously to prose in 1827, halfway through his literary career. Before that date he had written a great number of beautiful lyric poems, several narrative poems in the Romantic vein (e.g. «Кавкáзский плéнник» — *The Prisoner of the Caucasus*, «Бахчисарáйский фонтáн» — *The Fountain of Bakhchisarai*, and «Цыгáны» — *The Gipsies*), the "Shakespearean" blank-verse drama «Борúс Годунóв», and the major part of his brilliant novel in verse «Евгéний Онéгин».

His early works had won him great popularity with the Russian public, not least perhaps as a symbol of rebellion against autocracy. The epigrams, frequently scandalous, which he wrote on the Tsar Alexander I and other people in high places, and the liberal tone of his odes «Вóльность» — *Liberty* and «Дерéвня» earned him a six-year period of punitive exile from St. Petersburg and Moscow. The first four years of this were spent as an official in the South of Russia, and the remaining time under surveillance on his mother's estate at Mikhailovskoe, deep in the Russian countryside near Pskov. Most of his youthful high spirits had run their course by now, but Pushkin never succeeded in overcoming completely the notoriety of a few youthful poems — political, blasphemous or scandalous in character

— which kept cropping up as evidence against him in the files of the secret police for many years to come.

The matter and manner of Pushkin's works up till his return to Moscow from exile in 1826 fits into the general picture of European literature at this period well enough to warrant the title "Romantic", although even within this period he did undergo a clearly-marked evolution in this respect (cf. the Introduction to Pushkin's «Цыга́ны» by P. Henry in this series). In his turning to prose it is customary to see a revulsion from Romanticism and a leaning towards more "realistic" themes. Pushkin himself quite clearly refers to this in a stanza of Chapter III of «Евге́ний Оне́гин» (1824). Dismissing the "gloomy romanticism" and "hopeless egoism" of Byron, he writes:

Друзья́ мои́, что ж то́лку в э́том?
Быть мо́жет, во́лею небе́с,
Я переста́ну быть поэ́том,
В меня́ всели́тся но́вый бес,
И, Фе́бовы презре́в угро́зы,
Уни́жусь до смире́нной про́зы;
Тогда́ рома́н на ста́рый лад
Займёт весёлый мой зака́т.
Не му́ки та́йные злоде́йства
Я гро́зно в нём изображу́,
Но про́сто вам перескажу́
Преда́нья ру́сского семе́йства,
Любви́ плени́тельные сны
Да нра́вы на́шей старины́.

"Realism" and "Romanticism", however, are not mutually exclusive characteristics — a fact which is better proved perhaps by Pushkin than by any other artist. Part of the Romantic revolt against the conventional "loftiness" of pseudo-classical literature was in fact the adoption of "low" subjects (i.e. humble characters and scenes from everyday life described in a realistic manner) — and ever since his schooldays at the Lycée at Tsarskoe Selo Pushkin had been unambiguously on the side of the new literary movement. On the one hand it can be said that Pushkin showed an interest in realistic detail in some of his earliest poems, and on the other, that his sympathy with many "Romantic" ideas, such as the divine inspiration of the poet, lasted all his life.

Nevertheless the development of realistic themes by Pushkin does correspond to a change in the general tenor of his life both as man and as writer. The unsuccessful Decembrist Revolt in 1825 may be taken as the turning point. Pushkin was in sympathy with the liberal ideals of this aristocratic revolt against Tsarism and, but for his exile, might well have participated in it himself. The ringleaders, among whom were several of Pushkin's closest friends, were either executed or sent to hard labour in Siberia, and this severe treatment shocked him profoundly, so that to some extent the rest of his life was under the shadow of this event. The peculiar circumstances of his release from exile were connected with the Revolt. The new Tsar Nicholas I called Pushkin to Moscow, "pardoned" him, and made himself directly responsible for the censorship of all Pushkin's future writings. Quite how intolerable the terms of this "pardon" were to be was, of course, unforeseeable, but it proved to be a most insidious servitude, and Pushkin suffered greatly from the restrictions on his personal freedom imposed by Nicholas and his Chief of Police Benkendorf.

The difficulties of his personal life were not lightened by his marriage to Natalya Goncharova in 1831. Against his will he was drawn into the frivolous round of court functions, and his death in a duel less than six years later was the direct result of society intrigue, even if the contention of Soviet biographers that the Tsarist authorities in fact engineered his death, is not entirely convincing.

Despite Pushkin's buoyant and optimistic nature, the irritations and frustrations of the last ten years of his life were reflected in occasional gloomy poems. The theme of madness, for instance, occurs in «Мéдный всадник» — *The Bronze Horseman* — and the lyric poem «Не дай мне Бог сойти́ с ума́» as well as in «Пи́ковая дáма» — all of them written towards the end of 1833. In a sense his work becomes generally more "serious" in character, for instance in the last chapters of «Онéгин», the narrative poems «Мéдный всáдник» and «Полтáва» and the "little tragedies" («Мóцарт и Сальéри», «Скупóй ры́царь» — *The Avaricious Knight*, and others). His increasing use of prose as a means of expression is in accordance with this general tendency.

## II

The immediate incentive to experiment in writing prose fiction came to Pushkin from reading the novels of Sir Walter Scott. (in French translation) It was apparently not so much the Romantic features of Scott's novels which impressed him, as the sobriety, simplicity and objectivity of Scott's narrative and his frequent choice of "low" subjects instead of kings and lords. Scott created the vogue for historical novels which swept throughout Europe during the first decades of the 19th century, and Pushkin's first attempt was naturally in this genre — «Ара́п Петра́ Вели́кого» — *The Negro of Peter the Great*. This tells the story of Pushkin's great-grandfather, the Abyssinian prince sold into slavery who became a favourite of Peter the Great. Pushkin did not complete the story, however, and his long-standing ambition to write a novel about «нра́вы на́шей старины́» was not realised until 1836, when he completed «Капита́нская до́чка» — *The Captain's Daughter*, only a few months before his death.

Although Pushkin's stories may owe much to Scott in choice of subject and general treatment, it is rather their extreme dissimilarity which is immediately apparent: they are in direct contrast to the long-windedness of Scott. From his youth Pushkin owed constant allegiance to a master of a different style — Voltaire, whom he described as giving "the best model for reasonable prose". Precision and brevity, the obvious merits of Voltaire's writing (e.g. in the novel *Candide*), were for Pushkin the highest qualities of prose: «То́чность и кра́ткость — вот пе́рвые досто́инства про́зы. Она́ тре́бует мы́слей и мы́слей — без них блестя́щие выраже́ния ни к чему́ не слу́жат». This ideal is clear in «Ара́п Петра́ Вели́кого» and such further works as the short stories called «По́вести Бе́лкина» and the unfinished novel «Дубро́вский», but nowhere is it realised so fully as in «Пи́ковая да́ма».

Russian prose was still in its infancy in the 1830s, as Pushkin fully realised, and the literature read by the upper classes was almost exclusively French. This is the case with the Countess in «Пиковая дама», for instance, and Pushkin makes her express surprise that there *are* any Russian novels. Pushkin found scarcely anything in Russian prose that he could point to with pride. The best there had been so far was that of Karamzin, the historian and writer of the tearfully sentimental «Письма русского путешественника» (*Letters of a Russian traveller*) and «Бедная Лиза» — "and", Pushkin wrote, "that still isn't saying very much". Karamzin, however, was at least in the French tradition of clarity and simplicity and, indeed, as the acknowledged leader of the new school of literature in Russia, had been a formative influence on the young Pushkin. Otherwise Pushkin saw in contemporary prose writers (e.g. Marlinsky and Veltman) what he considered a regrettable tendency to prolixity and artificiality. In an article written in his early twenties he expresses exasperation with Russian writers who can never say simply "friendship" or "early in the morning", but must add such flowery phrases as ". . . that sacred sentiment whose noble flame, etc.", or ". . . scarcely had the rays of the rising sun illumined the eastern edges of the azure sky, etc."

In rejecting the verbose style, however, Pushkin perhaps went to the other extreme in creating a prose which is concise almost to the point of baldness. Certainly he had few immediate followers, and the dominant figure in Russian literature till the middle of the 19th century was Gogol, the creator of a style which in its volubulity, unruliness and general complexity is the opposite of Pushkin's ideal. These two lines of development in Russian prose run parallel in the 19th century, that from Gogol reaching its most extreme expression in Dostoevsky, and the more restrained "French" line appearing in Turgenev and Chekhov.

### III

«Пиковая дама» was written in 1833, in one of the rare periods in Pushkin's later life when he was able to free himself entirely from other cares and give himself up completely to writing. The opportunity for this was afforded by several weeks spent on his estate at Boldino in the Volga region south-east of Nizhni Novgorod (now called Gorky). A longer stay in the solitude of Boldino in the autumn of 1830 had yielded a very rich harvest: the final chapters of «Евгений Онегин», most of the "little tragedies" and «Повести Белкина»; and this second brief Boldino autumn was almost as fruitful, producing among other works his greatest long poem «Медный всадник», and «Пиковая дама».

Pushkin claimed that the story was based on a true incident: the grandson of Princess Natalya Petrovna Golitsyna (known familiarly as "Princesse Moustache") had related how once, having lost at cards, he went to ask his grandmother for money. Instead of giving him money, she passed on to him the secret of three lucky cards which she had been told in Paris by Count Saint-Germain, and said «Попробуй». He did try, and won. This anecdote must have interested Pushkin greatly, not only because Fate and the Occult were very popular themes at the time, but because he himself was a fairly serious gambler known to the police as a regular frequenter of gaming clubs for several years after his return to Moscow from exile. His very first sketch for a story in prose, begun and abandoned in 1819, opens with a card-playing scene.

The success of «Пиковая дама» on publication in 1834 was considerable — much greater than that of any of his previous prose works. He noted with pleasure that it was all the rage, and that gamblers were punting on the three, seven and ace, and also that the resemblance between the old Countess and Princess Golitsyna (then ninety-three years of age) had been recognised at court and apparently not taken amiss. The whole story indeed, must have been full of significance for its readers in upper class circles in St. Petersburg — in this sense it was the most topical of Pushkin's works. It was set in the very recent past — about 1830 — so that the general attitudes in it, for instance towards the Countess as a relic of the reign of Catherine the Great, are those of any of Pushkin's contemporaries. The reign of Catherine (1763—1796) was renowned as an age of splendour and luxurious life at the Russian court, the age from which dated the imitation of French manners and the adoption of French as the everyday language of the Russian aristocracy. But sixty years later, after the momentous events of the Napoleonic Wars, it seemed almost antediluvian. The assumption is apparent throughout that the reader will be familiar with the background of "high society", and intimacy is further implied by the substition of stars for several proper names: the initiated reader would be able to fill in the real names for himself. Apart from the Countess, many other characters were probably identifiable, for instance Chekalinsky, in whom Pushkin gave a portrait of V. S. Ogon'-Doganovsky, a rich landowner whose gambling club in his St. Petersburg home was often visited by Pushkin in the late 1830s. The humour of the epigraphs must also have meant a great deal more to the contemporary reader than it does now: the one to Chapter II, for instance, is an authentic quotation from "society conversation", which greatly surprised its originator, Pushkin's friend the poet Denis Davydov, when he saw it in print.

The intellectual flavour of the period is also suggested in passing, by reference not only to the prevailing literary taste for "Gothic" novels of terror, but also to a remarkable number of the scientific and pseudo-scientific ideas which were current in Pushkin's day — Galvani's electrical experiments, Montgolfier's hot-air balloons, Saint-Germain's alchemy, Mesmer's 'animal magnetism' and Swedenborg's mysticism. In connection with the last-mentioned, another sidelight is thrown on the jocularity of the epigraphs by the fact that this "quotation" at the head of Chapter V, according to the Centenary edition of Pushkin's works (1937), has never been traced in Swedenborg's works.

## IV

In Pushkin's story the emphasis is shifted from the anecdote of the three cards to the character of the hero, Hermann. He is not an aristocrat, but a young man with a relatively humble background, striving at all costs to "get on" in the world. This is emphasised by the fact that he is an Engineer, that is a product of the Military Engineering School — an establishment appropriate for ambitious young men of the middle ranks of Russian society, rather than the aristocrats like Tomsky and Narumov, who served in the Guards or the cavalry. Prudence and calculation are Hermann's chief assets, and here his name and German origin are significant. Many Germans had taken up residence in Russia in the 17th and 18th centuries, chiefly as craftsmen, shopkeepers and officials. Their characteristic efficiency and preciseness (аккурáтность) were regarded by the Russians as features which they themselves lacked, so that their attitude towards Germans was a mixture of admiring envy and more or less contemptuous mockery, depending on the circumstances.

Lack of imagination was also an implied shortcoming of the Russian Germans, but this is a fault which Pushkin certainly does not ascribe to Hermann. In him a severely practical mind, expressed in such maxims as "not sacrificing the necessary in the hope of gaining the superfluous", coexists and conflicts with a romantic imagination which produces fantasies on the most inappropriate occasions. His extreme ambition is the product of this vivid imagination, which seizes avidly on the story of the three cards and dreams of obtaining the secret — even, if necessary, by becoming the old woman's lover! Although he tries to restrain his imagination by reminding himself of the three cardinal virtues of "prudence, moderation and hard work", Hermann is obsessed by the idea of becoming rich quickly and surely, and applies his talents to gaining the acquaintance of the Countess. His cool manipulation of the affair with Lizaveta Ivanovna to suit his own ends is almost diabolical in its callousness and disregard for ethical principles, and to some extent justifies the picture Tomsky paints of a sinister character with the profile of Napoleon, the soul of Mephistopheles, and at least three crimes on his conscience.

His resemblance to Napoleon, twice mentioned in Chapter IV, has been taken as a clue to the meaning of the story. Long after his final defeat Napoleon remained a "romantic" figure, attractive in his supposed titanic power and spirit of revolt against the established order, even if repulsive to many people because the destruction and suffering he caused were a crime against humanity. For many of the Romantics the man who possessed the strength of will to commit crime on a grand scale, either in revolt against society or in order to bring about its radical improvement, was a figure of demonic attraction, fit to be glorified and emulated. Such were some of the heroes of French Romantic novels of the early 19th century, notably Balzac's arch-criminal Vautrin. Hermann has been compared with Julien Sorel, the hero of Stendhal's novel *Scarlet and Black* (which Pushkin read in 1831). Sorel leaves the home of his peasant father to become tutor to the children of a local magnate. His hero is Napoleon, and he is determined to make a brilliant career — whether in the army or the church is a matter of indifference to him — using all available means (particularly the coldly planned seduction of the wife or daughter of his employers) in order to realise his ambition. His brief career ends in disaster.

Later, in the 1860s, Russia's two greatest novelists both concerned themselves with the question of Napoleon. The examination of the role of "great" individuals in history and the complete deflation of the Napoleon myth was one of the aims of L. N. Tolstoy when he wrote *War and Peace*; while the possibility of realising the idea of a "Napoleonic" hero is one of the main themes of Dostoevsky's *Crime and Punishment*. Its hero, Raskolnikov, considers that crime can be justified by a good end, if the individual has the strength to step over the accepted principles of morality and become a superman. Having made himself commit murder, Raskolnikov finds that he has nevertheless failed in his attempt, because he cannot cope with the sense of spiritual isolation which follows his act, and he is eventually led to confess and accept punishment. The similarity between Hermann and Raskolnikov has frequently been pointed out, and several critics go so far as to say that Dostoevsky's main theme — the exposure of the falsity of the Napoleonic ideal — was developed on the basis of Pushkin's brief indications in «Пиковая дама».

How does the fantastic element in the story accord with this view of Hermann? The "fantastic" implies the tangible intrusion into human affairs of supernatural forces: is Hermann destroyed by such an intrusion? From the first epigraph, the story seems to be geared to his destruction by malevolent Fate, and he is urged on by a combination of sheer chance and compulsive destiny. Pushkin modifies the already mysterious anecdote about Princess Golitsyna, building it out with the scenes in which the dead Countess 'comes alive' in her coffin, as a ghost, and on the fatal card which seals Hermann's doom. The mysterious atmosphere is increased by emphasis on the "magic" numbers three and seven, not only in the three cards, but in other places in passing, for instance in Chapter II where Hermann reminds himself that in the three virtues of «расчёт, умеренность и трудолюбие» he has «три верные карты, вот что утроит, усемерит мой капита́л . . .». This world of occult forces where, contrary to Nature, "anything can happen" to lure a man to his perdition, is that of many of the fantastic stories which appeared at the beginning of the 19th century in Europe. The most important authors of such tales were the German E. T. A. Hoffmann and the Frenchman Honoré Balzac, and indeed some of the mysterious episodes in «Пи́ковая да́ма» have their parallels in stories of the Occult by these and other contemporary writers (e.g. in Hoffmann's *Devil's Elixir* and *A Gambler's Luck*, and Balzac's *Wild Ass's Skin*). Pushkin himself had already indulged in a few fantastic ballads (e.g. «Уто́пленник») and about the same time as he was writing «Пи́ковая да́ма» he wrote «Ме́дный вса́дник» with its fantastic climax in the hero's hallucinations.

Dostoevsky wrote about «Пи́ковая да́ма»: "The fantastic must be so close to reality that you are forced *almost* to believe it. Pushkin, in whose works examples of nearly every form of art can be found, wrote *The Queen of Spades* — the acme of the art of the fantastic. . . . you believe that Hermann really did have a vision and that this was in conformity with his view of the world, and yet at the end of the story... you can't decide whether the vision sprang from Hermann's own nature or whether he really was one of those who have contact with another world . . . This is art!" This enthusiastic appreciation of the ambiguity of «Пи́ковая да́ма» finds many supporters willing to accept that the dead Countess may 'really' have appeared to Hermann and told him the fateful cards, or that he may simply have been suffering hallucinations. Others, however, particularly Marxist critics who emphasise the precise historical and social significance at the expense of universal moral problems*, consider that the story, so far from being fantastic, is completely realistic, Pushkin having given throughout clear psychological motivation for all of Hermann's actions. His imagination is so stirred by the story of the Countess that the three cards swiftly become an obsession. The traumatic shock of having caused the old woman's death and at the same time lost for ever the possibility of obtaining her secret, brings on the series of hallucinations and his eventual madness. In support of this view it should be noted how ironically Pushkin prepares us for the appearance of the Countess' ghost by the epigraph from Swedenborg and the information that in his agitation Hermann «против обыкновения своего, пил очень много . . .». This psychological interpretation of the story would seem to give a satisfactory explanation of everything except the coincidence of Hermann's winning with his first two cards.

## V

That such a short work can stand up to this kind of analysis is an indication of the high quality of Pushkin's art in it. «Пиковая дама» is undoubtedly one of his most perfect works from the artistic point of view — a triumph of his principles of precision and brevity, in which every

---

* e. g. in a recent book on Pushkin N. L. Stepanov says: "«Пиковая дама» answered the same social question that had been put by Balzac and Stendhal; it showed the birth of a new social consciousness amid the cataclysms following upon the Napoleonic era, when worldly success and a career, the thirst for power, esteem and riches became the basic driving-force of society."

word is there for some reason, nothing is haphazard, yet all seems simple and natural.

The cool detachment of the narrative gives at first the impression of impartiality. The old Countess' despotic treatment of Liza, for instance, is presented without comment and is nowhere censured explicitly. But small details are sufficient to suggest distaste: her swollen ankles when she is being undressed, her rouge and wig. The latter are vanities out of place for a woman to whom the adjectives «отлюби́вшая» and «отжи́вшая» are applied: she might as well, and ought to be dead, and her death does not surprise or really shock us. After what we know of the Countess' past we appreciate the delicious irony of the bishop's sermon — the virtuous old lady "being watchful in holy thoughts and awaiting the coming of the midnight bridegroom" is not the Countess whose past Hermann recalls as he steals down the secret stairway once used by other midnight visitors, and who has spent her old age trying to keep up the vanities of her youth.

This ironical attitude is never very far away, although not always immediately apparent. Thus, for instance, the reader's sympathy is immediately enlisted for Lizaveta Ivanovna, forced by her unfortunate position to suffer all the old woman's caprices. Her situation as a poor "lady's companion" is succinctly indicated by such phrases as «Все её зна́ли и никто́ не замеча́л» and her obligation to dress «как и все, то есть как о́чень немно́гие». We understand her sensitivity and pride, and believe that she really is "a hundred times nicer" than the young ladies who attract all the suitors. Pushkin employs many "human touches" to make us sympathise with her: «ей не́ с кем бы́ло посове́товаться», she enters her room after the ball «надея́сь найти́ там Ге́рманна и желая не найти́ его́», and he almost descends into sentimentality as he describes her weeping in the simply-furnished little bedroom which is in such striking contrast with the glittering drawing-room she has just fled from. Because of her longing for a deliverer in the form of an eligible husband, and the romantic view of life she has built up (like Tatyana in «Евге́ний Оне́гин») from reading French novels, she is an extremely susceptible prey for Hermann. In many ways she is also a good match for Hermann. She shares the mixture of sober practical sense and vivid day-dreaming which characterise him, and like him she is a relatively humble character at odds with her social surroundings. And indeed Pushkin's sympathies were with such humble characters, as the choice of heroes for «Ме́дный вса́дник» and some of the stories in «По́вести Бе́лкина» shows.

But when we reach the epilogue there is a slight sting: "Lizaveta Ivanovna now has a poor relation staying with her as a ward". Perhaps this simply means that she is being kind-hearted, perhaps it is a symbol of the achievement of the worldly success she longed for, perhaps it implies a certain enjoyment of the reversal of her role from tyrannised to tyrant, — at any rate enough is suggested in it to make us look back and wonder how much irony there has already been in Pushkin's presentation of her, as her swift-moving and rather indiscreet affair with Hermann develops. Certainly the fascination Hermann holds for her is presented in an ironical light. His flashing eyes suggest the Byronic hero of the "latest" romantic novels which are her staple diet, and the sinister insinuations jokingly made

xxii

by Tomsky only confirm her preconceived ideas, making him even more dangerously attractive to her imagination. Yet this conception of the conventionally "romantic" hero which she cherishes is dismissed by Pushkin with a stab in passing, when he calls it «э́то уже́ по́шлое лицо́» — "this type which has already become vulgarised".

Another suggestive comment occurs in the epilogue: the man Lizaveta Ivanovna marries is the son of the Countess' former bailiff. The bailiffs appointed by Russian absentee landlords to run their estates were notorious rogues, and no doubt Liza's father-in-law had diverted a considerable part of the Countess' income to his own pockets.

Pushkin's laconic remarks not only pick out the essential features of his main characters, but also bring to life characters who appear briefly, like the "typical" primly correct Englishman with his one exclamation "Oh?", or Chekalinsky with his constant complaisant smile. Similarly concise is his evocation of a whole scene by one or two details — the legs emerging from carriages in Chapter II is a good example. But more extensive descriptions show a similar economy of language — notably Hermann's vigil and entry into the Countess' house in Chapter III. Here Pushkin's dynamic style of description is evident in the preponderance of verbs over adjectives, which is characteristic of much of his poetry as well as his prose (see, for instance, two of his best descriptive poems «Обва́л» and «Бе́сы»).

The terseness of the language of «Пи́ковая да́ма» is paralleled in the structure of the narrative, which unfolds rapidly, with few departures from the straight line. As Mirsky says in his *History of Russian Literature*: "It is as tense as a compressed spring". This tension is achieved partly by concentrating the narrative into a small number of periods of action: the night on which Hermann hears the story of the cards (Chapter I), the day on which we meet the Countess and Liza (all of Chapter II and the beginning of Chapter III), the night of the ball (most of Chapter III and all of IV), the day of the funeral (Chapter V), and the three days of Hermann's duel with Fate (Chapter VI). Each of these five "acts" has its climax of excitement, which is made more telling by the rearrangement of the order of events in narration, particularly in Chapter III, where the development of the narrative of events is held up and complicated by "digressions" giving an account of the life and character of Lizaveta Ivanovna and Hermann, and filling in, in reverse order, the events which have taken place in the time between Chapters I and II. Pushkin states very precisely how much time has elapsed between one event and another, so that the whole "timetable" of the story can easily be plotted up to the end of Chapter V. The improbably swift development of events in the three weeks up to the Countess' death in itself adds to the concentration of the narrative. This concentration is intensified towards the end of the story, after the Countess' death. Till then the progress of Chapters I to IV has been relatively leisurely, each chapter being held up to some extent by passages of character-drawing or description. But thereafter the build-up is very powerful, with the events falling in swift succession: the funeral, the apparition, and the turning-up of the Queen of Spades, so far mentioned only in the first epigraph. It is a matter of opinion whether the epilogue which follows Hermann's catastrophe comes as a necessary and successful Conclusion to the story: some may see in it a slight anticlimax, others the inevitable keystone which holds it all together.

«Пиковая дама» is one of the most generally admired of Pushkin's prose stories, and has earned a very high place among his works as a whole. In many ways it is the embodiment of the "essential" Pushkin, displaying the various features which make it impossible to label him with the name of any single literary "-ism". Pushkin has sometimes been compared with Mozart, and this story is perhaps one of his most Mozartian works, which can be enjoyed again and again because of the sheer accomplishment and grace which Pushkin achieves in it without apparent effort.

# BIBLIOGRAPHY

Bayley, John, 1971, *Pushkin: A comparative commentary* (Cambridge University Press, Cambridge), pp. 316-24.

Briggs, A.D.P., 1983, *Alexander Pushkin: A critical study* (Croom Helm, London), pp. 218-24. Reprinted by Bristol Press, Bristol, 1991.

Brown, William Edward, 1986, *A History of Russian Literature of the Romantic Period*, vol. 3 (Ardis, Ann Arbor), pp. 218-24.

Cornwell, Neil, 1990, *The Literary Fantastic: from Gothic to Postmodernism* (Harvester Wheatsheaf, New York and London), pp. 113-39.

Debreczeny, Paul, 1983, *The Other Pushkin: A Study of Alexander Pushkin's Prose Fiction* (Stanford University Press, Stanford), pp. 186-238.

Falchikov, M., 1977, 'The Outsider and the Number Game (Some observations on *Pikovaya dama*), *Essays in Poetics*, 2:2, pp. 96-106.

Kodjak, Andrej, 1976, '"The Queen of Spades" in the context of the Faust legend', in *Alexander Puškin: A symposium of the 175th anniveresary of his birth*, edited by Andrej Kodjak and Kiril Taranovsky (New York University Press, New York), pp. 87-118.

Leatherbarrow, W.J., 1985, 'Pushkin: The Queen of Spades', in *The Voice of a Giant: Essays on seven Russian prose classics*, edited by Roger Cockrell and David Richards (University of Exeter, Exeter), pp. 1-14.

Leighton, Lauren G., 1977(a), 'Numbers and numerology in "The Queen of Spades"', *Canadian Slavonic Papers*, 19, pp. 417-43.

———— 1977(b), 'Gematria in "The Queen of Spades": A Decembrist puzzle', *Slavic and East European Journal*, 21, 4, pp. 455-69.

———— 1982, 'Puškin and Freemasonry: "The Queen of Spades"', in *New Perspectives on Nineteenth-Century Russian Prose*, edited by George J. Gutsche and Lauren G. Leighton (Slavica, Columbus, Ohio), pp. 15-25.

Lezhnev, A., 1983 *Pushkin's Prose*, translated by Roberta Reeder (Ardis, Ann Arbor), *passim* (original published 1937)

Mersereau, John, jun., 1983, *Russian Romantic Fiction* (Ardis, Ann Arbor) pp. 221-6.

Pursglove, Michael, 1985, 'Chronology in Pushkin's *Pikovaya dama*', *Irish Slavonic Studies*, 6, pp. 11-18.

Reeder, Roberta, 1982, 'The Queen of Spades: A parody of the Hoffmannian tale', in *New Perspectives on Nineteenth-Century Russian Prose*, edited by George J. Gutsche and Lauren G. Leighton (Slavica, Columbus, Ohio), pp. 73-98.

Rosen, Nathan, 1975, 'The Magic Cards in T*he Queen of Spades*', *Slavic and East European Journal*, 19, 3, pp. 255-75.

Shaw, Joseph T., 1962, 'The "Conclusion" of Pushkin's *Queen of Spades'* in *Studies in Russian and Polish Literature: In honor of Waclaw Lednicki*, edited by Zbigniew Folejewski *et al.* (Mouton, The Hague), pp. 114-26.

Shklovsky, Viktor, 1976, 'Notes on Pushkin's Prose. A Society Tale: *The Queen of Spades*', in *Russian Views of Pushkin*, edited and translated by D.J. Richards and C.R.S. Cockrell (Willem A. Meeuws, Oxford), pp. 187-95.

Shukman, Ann, 1977, 'The short story: theory, analysis, interpretation', *Essays in Poetics*, 2:2, pp. 27-95.

Weber, Harry B., 1968, '*Pikovaja dama*: A case for Freemasonry in Russian Literature', *Slavic and East European Journal*, XII, 4, pp. 435-47.

Williams, Gareth, 1983, 'The Obsessions and Madness of Germann in *Pikovaja dama*', *Russian Literature*, XIV, pp. 383-96.

———— 1989, 'Convention and Play in *Pikovaja dama*', *Russian Literature* XXVI, pp. 523-38.

Пиковая дама означает тайную недоброжелательность.

*Новейшая гадательная книга.*

# I

> А в ненастные дни
> Собирались они
> Часто;
> Гнули — Бог их прости! —
> От пятидесяти
> На сто.
> И выигрывали,
> И отписывали
> Мелом.
> Так, в ненастные дни,
> Занимались они
> Делом.

Однажды играли в карты у конногвардейца Нарумова. Долгая зимняя ночь прошла незаметно; сели ужинать в пятом часу утра. Те, которые остались в выигрыше, ели с большим аппетитом, прочие, в рассеянности, сидели перед пустыми своими приборами. Но шампанское явилось, разговор оживился, и все приняли в нём участие.

— Что ты сделал, Сурин? — спросил хозяин.

— Проиграл, по обыкновению. Надобно признаться, что я несчастлив: играю мирандолем, никогда не горячусь, ничем меня с толку не собьёшь, а всё проигрываюсь!

1

— И ты ни ра́зу не соблазни́лся? ни ра́зу не поста́вил на руте́?.. Твёрдость твоя́ для меня́ удиви́тельна.

— А како́в Ге́рманн! — сказа́л оди́н из госте́й, ука́зывая на молодо́го инжене́ра, — о́троду не брал он ка́рты в ру́ки, о́троду не загну́л ни одного́ пароли́, а до пяти́ часо́в сиди́т с на́ми и смо́трит на на́шу игру́!

— Игра́ занима́ет меня́ си́льно, — сказа́л Ге́рманн, — но я не в состоя́нии же́ртвовать необходи́мым в наде́жде приобрести́ изли́шнее.

— Ге́рманн не́мец: он расчётлив, вот и всё! — заме́тил То́мский. — А е́сли кто для меня́ непоня́тен, так э́то моя́ ба́бушка графи́ня Анна Федо́товна.

— Как? что? — закрича́ли го́сти.

— Не могу́ пости́гнуть, — продолжа́л То́мский, — каки́м о́бразом ба́бушка моя́ не понти́рует!

— Да что́ ж тут удиви́тельного, — сказа́л Нару́мов, — что осьмидесятиле́тняя стару́ха не понти́рует?

— Так вы ничего́ про неё не зна́ете?

— Нет! пра́во, ничего́!

— О, так послу́шайте:

На́добно знать, что ба́бушка моя́, лет шестьдеся́т тому́ наза́д, е́здила в Пари́ж и была́ там в большо́й мо́де. Наро́д бе́гал за не́ю, чтоб уви́деть la Vénus moscovite; Ришельё за не́ю волочи́лся, и ба́бушка уверя́ет, что он чуть бы́ло не застрели́лся от её жесто́кости.

В то вре́мя да́мы игра́ли в фарао́н. Одна́жды при дворе́ она́ проигра́ла на́ слово ге́рцогу Орлеа́нскому что́-то о́чень мно́го. Прие́хав домо́й, ба́бушка, отле́пливая му́шки с лица́ и отвя́зывая фи́жмы, объяви́ла де́душке о своём про́игрыше и приказа́ла заплати́ть.

2

Покойный дедушка, сколько я помню, был род бабушкина дворецкого. Он её боялся, как огня; однако, услышав о таком ужасном проигрыше, он вышел из себя, принёс счёты, доказал ей, что в полгода они издержали полмиллиона, что под Парижем нет у них ни подмосковной, ни саратовской деревни, и начисто отказался от платежа. Бабушка дала ему пощёчину и легла спать одна, в знак своей немилости.

На другой день она велела позвать мужа, надеясь, что домашнее наказание над ним подействовало, но нашла его непоколебимым. В первый раз в жизни она дошла с ним до рассуждений и объяснений; думала усовестить его, снисходительно доказывая, что долг долгу розь и что есть разница между принцем и каретником. — Куда! дедушка бунтовал. Нет, да и только! Бабушка не знала, что делать.

С нею был коротко знаком человек очень замечательный. Вы слышали о графе Сен-Жермене, о котором рассказывают так много чудесного. Вы знаете, что он выдавал себя за вечного жида, за изобретателя жизненного эликсира и философского камня, и прочая. Над ним смеялись, как над шарлатаном, а Казанова в своих Записках говорит, что он был шпион; впрочем, Сен-Жермен, несмотря на свою таинственность, имел очень почтённую наружность и был в обществе человек очень любезный. Бабушка до сих пор любит его без памяти и сердится, если говорят об нём с неуважением. Бабушка знала, что Сен-Жермен мог располагать большими деньгами. Она решилась к нему прибегнуть. Написала ему записку и просила немедленно к ней приехать.

Ста́рый чуда́к яви́лся то́тчас и заста́л в ужа́сном го́ре. Она́ описа́ла ему́ са́мыми чёрными кра́сками ва́рварство му́жа и сказа́ла наконе́ц, что всю свою́ надѐжду полага́ет на его́ дру́жбу и любѐзность.

Сен-Жерме́н заду́мался.

«Я могу́ вам услужи́ть э́той су́ммою, — сказа́л он, — но зна́ю, что вы не бу́дете споко́йны, пока́ со мно́ю не распла́титесь, а я бы не жела́л вводи́ть вас в но́вые хло́поты. Есть друго́е сре́дство: вы мо́жете отыгра́ться». — «Но, любѐзный граф, — отвеча́ла ба́бушка, — я говорю́ вам, что у нас де́нег во́все нет». — «Де́ньги тут не нужны́, — возрази́л Сен-Жерме́н: — изво́льте меня́ вы́слушать». Тут он откры́л ей та́йну, за кото́рую вся́кий из нас до́рого бы дал...

*manipulation of reader (...)*

Молоды́е игроки́ удво́или внима́ние. То́мский закури́л тру́бку, затяну́лся и продолжа́л.

В тот же са́мый ве́чер ба́бушка яви́лась в Верса́ли, au jeu de la Reine. Ге́рцог Орлеа́нский мета́л; ба́бушка слегка́ извини́лась, что не привезла́ своего́ до́лга, в оправда́ние сплела́ ма́ленькую исто́рию и ста́ла про́тив него́ понти́ровать. Она́ вы́брала три ка́рты, поста́вила их одну́ за друго́ю: все три вы́играли ей со́ника, и ба́бушка отыгра́лась соверше́нно.

*CHANCE!* — Случа́й! — сказа́л оди́н из госте́й.

*FAIRY-TALE!* — Ска́зка! — заме́тил Ге́рманн.

— Мо́жет ста́ться, порошко́вые ка́рты? — подхвати́л тре́тий. *'marked cards' - cheating?*

— Не ду́маю, — отвеча́л ва́жно То́мский.

— Как! — сказа́л Нару́мов, — у тебя́ есть ба́бушка, кото́рая уга́дывает три ка́рты сря́ду, а ты до сих пор не перен́ял у ней её кабали́стики?

4

— Да, чёрта с два! — отвечал Томский, — у ней было четверо сыновей, в том числе и мой отец: все четыре отчаянные игроки, и ни одному не открыла она своей тайны; хоть это было бы не худо для них и даже для меня. Но вот что мне рассказывал дядя, граф Иван Ильич, и в чём он меня уверял честью. Покойный Чаплицкий, тот самый, который умер в нищете, промотав миллионы, однажды в молодости своей проиграл — помнится, Зоричу — около трёхсот тысяч. Он был в отчаянии. Бабушка, которая всегда была строга к шалостям молодых людей, как-то сжалилась над Чаплицким. Она дала ему три карты, с тем, чтоб он поставил их одну за другою, и взяла с него честное слово впредь уже никогда не играть. Чаплицкий явился к своему победителю: они сели играть. Чаплицкий поставил на первую карту пятьдесят тысяч и выиграл соника; загнул пароли, пароли-пе, — отыгрался и остался ещё в выигрыше...

Однако пора спать: уже без четверти шесть.

В самом деле, уж рассветало: молодые люди допили свои рюмки и разъехались.

## II

*Il paraît que monsieur est décidément pour les suivantes.*
*Que voulez-vous, madame? Elles sont plus fraîches.*

*Светский разговор.*

Старая графиня *** сидела в своей уборной перед зеркалом. Три девушки окружали её. Одна держала банку румян, другая коробку со шпильками, третья высокий чепец с лентами огненного цвета. Графиня не имѣла ни малѣйшего притязáния на красотý давнó увя́дшую, но сохраня́ла все привы́чки своéй мóлодости, стрóго слѣдовала мóдам семидеся́тых годóв и одевáлась так же дóлго, так же старáтельно, как и шестьдеся́т лет томý назáд. У окóшка сидѣла за пя́льцами бáрышня, её воспи́танница.

— Здрáвствуйте, grand'maman, — сказáл, вошéдши, молодóй офицéр. — Bon jour, mademoiselle Lise. Grand'-maman, я к вам с прóсьбою.

— Что такóе, Paul?

— Позвóльте вам предстáвить одногó из мои́х прия́телей и привезти́ егó к вам в пя́тницу на бал.

— Привези́ мне егó пря́мо на бал, и тут мне егó и предстáвишь. Был ты вчерáсь у ***?

— Кáк же! óчень бы́ло вéсело; танцевáли до пяти́ часóв. Как хорошá былá Елéцкая!

— И, мой ми́лый! Что в ней хорóшего? Таковá ли былá ее бáбушка, княги́ня Дáрья Петрóвна?.. Кстáти: я чай, онá уж óчень постарѣла, княги́ня Дáрья Петрóвна?

— Как постарѣла? — отвечáл рассéянно Тóмский, — онá лет сéмь как умерлá.

Бáрышня поднялá гóлову и сдѣлала знак молодóму человѣку. Он вспóмнил, что от стáрой графи́ни тáили смерть её ровéсниц, и закуси́л себé губý. Но графи́ня услы́шала весть, для неё нóвую, с больши́м равнодýшием.

— Умерлá! — сказáла онá, — а я́ и не знáла! Мы вмѣсте бы́ли пожáлованы во фрéйлины, и когдá мы предстáвились, то госудáрыня...

И графи́ня в сóтый раз рассказáла внýку свой анекдóт.

— Ну, Paul, — сказа́ла она́ пото́м, — тепе́рь помоги́ мне встать. Ли́занька, где моя́ табаке́рка?

И графи́ня со свои́ми де́вушками пошла́ за ши́рмами ока́нчивать свой туале́т. То́мский оста́лся с ба́рышнею.

— Кого́ э́то вы хоти́те предста́вить? — ти́хо спроси́ла Лизаве́та Ива́новна.

— Нару́мова. Вы его́ зна́ете?

— Нет! Он вое́нный и́ли ста́тский?

— Вое́нный.

— Инжене́р?

— Нет! кавалери́ст. А почему́ вы ду́мали, что он инжене́р?

Ба́рышня засмея́лась и не отвеча́ла ни сло́ва.

— Paul! — закрича́ла графи́ня из-за ши́рмов, — пришли́ мне како́й-нибудь но́вый рома́н, то́лько, пожа́луйста, не из ны́нешних.

— Как э́то, grand'maman?

— То есть тако́й рома́н, где бы геро́й не дави́л ни отца́, ни ма́тери и где бы не́ было уто́пленных тел. Я ужа́сно бою́сь уто́пленников!

— Таки́х рома́нов ны́нче нет. Не хоти́те ли ра́зве ру́сских?

— А ра́зве есть ру́сские рома́ны?.. Пришли́, ба́тюшка, пожа́луйста пришли́!

— Прости́те, grand'maman: я спешу́... Прости́те, Лизаве́та Ива́новна! Почему́ же вы ду́мали, что Нару́мов инжене́р?

И То́мский вы́шел из убо́рной.

Лизаве́та Ива́новна оста́лась одна́: она́ оста́вила рабо́ту и ста́ла гляде́ть в окно́. Вско́ре на одно́й стороне́ у́лицы из-за у́гольного до́ма показа́лся молодо́й офице́р.

Румянец покрыл её щёки: она принялась опять за работу и наклонила голову над самой канвою. В это время вошла графиня, совсем одетая.

— Прикажи, Лизанька, — сказала она, — карету закладывать, и поедем прогуляться.

Лизанька встала из-за пяльцев и стала убирать свою работу.

— Что ты, мать моя! глуха, что ли! — закричала графиня. — Вели скорей закладывать карету.

— Сейчас! — отвечала тихо барышня и побежала в переднюю.

Слуга вошёл и подал графине книги от князя Павла Александровича.

— Хорошо! Благодарить, — сказала графиня. — Лизанька, Лизанька! да куда ж ты бежишь?

— Одеваться.

— Успеешь, матушка. Сиди здесь. Раскрой-ка первый том; читай вслух...

Барышня взяла книгу и прочла несколько строк.

— Громче! — сказала графиня. — Что с тобою, мать моя? с голосу спала, что ли?.. Погоди: подвинь мне скамеечку, ближе... ну!

Лизавета Ивановна прочла ещё две страницы. Графиня зевнула.

— Брось эту книгу, — сказала она, — что за вздор! Отошли это князю Павлу и вели благодарить... Да что ж карета?

— Карета готова, — сказала Лизавета Ивановна, взглянув на улицу.

— Что ж ты не одета? — сказала графиня, — всегда надобно тебя ждать! Это, матушка, несносно.

8

Лиза побежала в свою комнату. Не прошло двух минут, графиня начала звонить изо всей мочи. Три девушки вбежали в одну дверь, а камердинер в другую.

— Что это вас не докличешься? — сказала им графиня. — Сказать Лизавете Ивановне, что я её жду.

Лизавета Ивановна вошла в капоте и в шляпке.

— Наконец, мать моя! — сказала графиня. — Что за наряды! Зачем это?.. кого прельщать?.. А какова погода? — кажется, ветер.

— Никак нет-с, ваше сиятельство! очень тихо-с! — отвечал камердинер.

— Вы всегда говорите наобум! Отворите форточку. Так и есть: ветер! и прехолодный! Отложить карету! Лизанька, мы не поедем: нечего было наряжаться.

«И вот моя жизнь!» — подумала Лизавета Ивановна.

В самом деле, Лизавета Ивановна была пренесчастное создание. Горек чужой хлеб, говорит Данте, и тяжелы ступени чужого крыльца, а кому и знать горечь зависимости, как не бедной воспитаннице знатной старухи? Графиня ***, конечно, не имела злой души; но была своенравна, как женщина, избалованная светом, скупа и погружена в холодный эгоизм, как и все старые люди, отлюбившие в свой век и чуждые настоящему. Она участвовала во всех суетностях большого света, таскалась на балы, где сидела в углу, разрумяненная и одетая по старинной моде, как уродливое и необходимое украшение бальной залы; к ней с низкими поклонами подходили приезжающие гости, как по установленному обряду, и потом уже никто ею не занимался. У себя принимала она весь город, наблюдая строгий этикет и не узнавая никого в лицо. Многочисленная челядь её, разжирев и поседев в её передней и девичьей, делала, что хотела, наперерыв обкрадывая умирающую старуху. Лизавета Ивановна была домашней мученицею. Она разливала чай и получала выговоры за лишний расход сахара; она вслух читала романы и виновата была во всех ошибках автора; она сопровождала графиню в её прогулках и отвечала за погоду и за мостовую. Ей было назначено жалованье, которое никогда не доплачивали; а между тем требовали от неё, чтоб она одета была, как и все, то есть как очень немногие. В свете играла она самую жалкую роль. Все её знали и никто не замечал; на балах она танцевала только тогда, как недоставало vis-à-vis, и дамы брали её под руку всякий раз, как им нужно было идти в уборную поправить что-нибудь в своём наряде. Она была самолюбива, живо чувствовала своё положение и глядела кругом себя, — с нетерпением ожидая избавителя; но молодые люди, расчётливые в ветреном своём тщеславии, не удостоивали её внимания, хотя Лизавета Ивановна была сто раз милее наглых и холодных невест, около которых они увивались. Сколько раз, оставя тихонько скучную и пышную гостиную, она уходила плакать в бедной своей комнате, где стояли ширмы, оклеенные обоями, комод, зеркальце и крашеная кровать и где сальная свеча темно горела в медном шандале!

Однажды — это случилось два дня после вечера, описанного в начале этой повести, и за неделю перед той сценой, на которой мы остановились, — однажды Лизавета Ивановна, сидя под окошком за пяльцами, нечаянно взглянула на улицу и увидела молодого инженера, стоящего неподвижно и устремившего глаза к её окошку. Она опустила голову и снова занялась работой; через пять минут взглянула опять — молодой офицер стоял на том же месте. Не имея привычки кокетничать с прохожими офицерами, она перестала глядеть на улицу и шила около двух часов, не приподнимая головы. Подали обедать. Она встала, начала убирать свои пяльцы и, взглянув нечаянно на улицу, опять увидела офицера. Это показалось ей довольно странным. После обеда она подошла к окошку с чувством некоторого беспокойства, но уже офицера не было, — и она про него забыла...

Дня через два, выходя с графиней садиться в карету, она опять его увидела. Он стоял у самого подъезда, закрыв лицо бобровым воротником: чёрные глаза его сверкали из-под шляпы. Лизавета Ивановна испугалась, сама не зная чего, и села в карету с трепетом неизъяснимым.

Возвратясь домой, она подбежала к окошку, — офицер стоял на прежнем месте, устремив на неё глаза: она отошла, мучась любопытством и волнуемая чувством, для неё совершенно новым.

С того времени не проходило дня, чтоб молодой человек, в известный час, не являлся под окнами их дома. Между им и ею учредились неусловленные сношения. Сидя на своём месте за работой, она чувствовала его приближение, — подымала голову, смотрела на него с каждым днём долее и долее. Молодой человек, казалось, был за то ей благодарен: она видела острым взором молодости, как быстрый румянец покрывал его бледные щеки всякий раз, когда взоры их встречались. Через неделю она ему улыбнулась...

11

Когда Томский спросил позволения представить графине своего приятеля, сердце бедной девушки забилось. Но узнав, что Нарумов не инженер, а конногвардеец, она сожалела, что нескромным вопросом высказала свою тайну ветреному Томскому.

Германн был сын обрусевшего немца, оставившего ему маленький капитал. Будучи твёрдо убеждён в необходимости упрочить свою независимость, Германн не касался и процентов, жил одним жалованьем, не позволял себе малейшей прихоти. Впрочем, он был скрытен и честолюбив, и товарищи его редко имели случай посмеяться над его излишней бережливостью. Он имел сильные страсти и огненное воображение, но твёрдость спасла его от обыкновенных заблуждений молодости. Так, например, будучи в душе игрок, никогда не брал он карты в руки, ибо рассчитал, что его состояние не позволяло ему (как сказывал он) *жертвовать необходимым в надежде приобрести излишнее*, — а между тем целые ночи просиживал за карточными столами и следовал с лихорадочным трепетом за различными оборотами игры.

Анекдот о трёх картах сильно подействовал на его воображение и целую ночь не выходил из его головы. «Что, если, — думал он на другой день вечером, бродя по Петербургу, — что, если старая графиня откроет мне свою тайну! — или назначит мне эти три верные карты! Почему ж не попробовать своего счастия?.. Представиться ей, подбиться в её милость, — пожалуй, сделаться её любовником, — но на это всё требуется время — а ей восемьдесят семь лет, — она может умереть через неделю, — через два дня!.. Да и самый анекдо́т?.. Мо́жно ли ему́ ве́рить?.. Нет! расчёт, уме́ренность и трудолю́бие: вот мои́ три ве́рные ка́рты, вот что утро́ит, усемери́т мой капита́л и доста́вит мне поко́й и незави́симость!»

Рассужда́я таки́м о́бразом, очути́лся он в одно́й из гла́вных у́лиц Петербу́рга, пе́ред до́мом стари́нной архитекту́ры. У́лица была́ заста́влена экипа́жами, каре́ты одна́ за друго́ю кати́лись к освещённому подъе́зду. Из каре́т помину́тно вытя́гивались то стро́йная нога́ молодо́й краса́вицы, то грему́чая ботфо́рта, то полоса́тый чуло́к и дипломати́ческий башма́к. Шу́бы и плащи́ мелька́ли ми́мо велича́вого швейца́ра. Ге́рманн останови́лся.

— Чей э́то дом? — спроси́л он у углово́го бу́дочника.

— Графи́ни ***, — отвеча́л бу́дочник.

Ге́рманн затрепета́л. Удиви́тельный анекдо́т сно́ва предста́вился его́ воображе́нию. Он стал ходи́ть о́коло до́ма, ду́мая об его́ хозя́йке и о чу́дной её спосо́бности. По́здно вороти́лся он в смире́нный свой уголо́к; до́лго не мог засну́ть, и, когда́ сон им овладе́л, ему́ пригре́зились ка́рты, зелёный стол, ки́пы ассигна́ций и гру́ды черво́нцев. Он ста́вил ка́рту за ка́ртой, гнул углы́ реши́тельно, выи́грывал беспреста́нно, и загреба́л к себе́ зо́лото, и клал ассигна́ции в карма́н. Проснувшись уже́ по́здно, он вздохну́л о поте́ре своего́ фантасти́ческого бога́тства, пошёл опя́ть броди́ть по го́роду и опя́ть очути́лся пе́ред до́мом графи́ни ***. Неве́домая си́ла, каза́лось, привлека́ла его́ к нему́. Он останови́лся и стал смотре́ть на о́кна. В одно́м уви́дел он черноволо́сую голо́вку, наклонённую, вероя́тно, над кни́гой и́ли над рабо́той. Голо́вка приподняла́сь. Ге́рманн уви́дел све́жее ли́чико и чёрные глаза́. Эта мину́та реши́ла его́ у́часть.

*This minute - decided his fate -*

13

# III

Vous m'écrivez, mon ange, des
lettres de quatre pages plus vite
que je ne puis les lire.

*Переписка.*

Только Лизавета Ивановна успела снять капот и шляпу, как уже графиня послала за нею и велела опять подавать карету. Они пошли садиться. В то самое время, как два лакея приподняли старуху и просунули в дверцы, Лизавета Ивановна у самого колеса увидела своего инженера; он схватил её руку; она не могла опомниться от испугу, молодой человек исчез: письмо осталось в её руке. Она спрятала его за перчатку и во всю дорогу ничего не слыхала и не видала. Графиня имела обыкновение поминутно делать в карете вопросы: кто это с нами встретился? — как зовут этот мост? — что там написано на вывеске? Лизавета Ивановна на сей раз отвечала наобум и невпопад и рассердила графиню.

— Что с тобою сделалось, мать моя! Столбняк ли на тебя нашёл, что ли? Ты меня или не слышишь, или не понимаешь?.. Слава Богу, я не картавлю и из ума ещё не выжила!

Лизавета Ивановна её не слушала. Возвратясь домой, она побежала в свою комнату, вынула из-за перчатки письмо: оно было не запечатано. Лизавета Ивановна его прочитала. Письмо содержало в себе признание в любви: оно было нежно, почтительно и слово в слово взято из немецкого романа. Но Лизавета Ивановна по-немецки не умела и была очень им довольна.

Однако принятое ею письмо беспокоило её чрезвычайно. Впервые входила она в тайные, тесные сношения с молодым мужчиною. Его дерзость ужасала её. Она упрекала себя в неосторожном поведении и не знала, что делать: перестать ли сидеть у окошка и невниманием охладить в молодом офицере охоту к дальнейшим преследованиям? — отослать ли ему письмо? — отвечать ли холодно и решительно? Ей не с кем было посоветоваться, у ней не было ни подруги, ни наставницы. Лизавета Ивановна решилась отвечать.

Она села за письменный столик, взяла перо, бумагу — и задумалась. Несколько раз начинала она своё письмо, — и рвала его: то выражения казались ей слишком снисходительными, то слишком жестокими. Наконец ей удалось написать несколько строк, которыми она осталась довольна. «Я уверена, — писала она, — что вы имеете честные намерения и что вы не хотели оскорбить меня необдуманным поступком; но знакомство наше не должно бы начаться таким образом. Возвращаю вам письмо ваше и надеюсь, что не буду впредь иметь причины жаловаться на незаслуженное неуважение».

На другой день, увидя идущего Германна, Лизавета Ивановна встала из-за пяльцев, вышла в залу, отворила форточку и бросила письмо на улицу, надеясь на проворство молодого офицера. Германн подбежал, поднял его и вошёл в кондитерскую лавку. Сорвав печать, он нашёл своё письмо и ответ Лизаветы Ивановны. Он того и ожидал и возвратился домой, очень занятый своей интригою.

Три дня после того Лизавете Ивановне молоденькая, быстроглазая мамзель принесла записочку из модной лавки. Лизавета Ивановна открыла её с беспокойством, предвидя денежные требования, и вдруг узнала руку Германна.

— Вы, душенька, ошиблись, — сказала она, — эта записка не ко мне.

— Нет, точно к вам! — отвечала смелая девушка, не скрывая лукавой улыбки. — Извольте прочитать! Лизавета Ивановна пробежала записку. Германн требовал свидания.

— Не может быть! — сказала Лизавета Ивановна, испугавшись и поспешности требований и способу, им употреблённому. — Это писано, верно, не ко мне! — И разорвала письмо в мелкие кусочки.

— Коли письмо не к вам, зачем же вы его разорвали? — сказала мамзель, — я бы возвратила его тому, кто его послал.

— Пожалуйста, душенька! — сказала Лизавета Ивановна, вспыхнув от её замечания, — вперёд ко мне записок не носите. А тому, кто вас послал, скажите, что ему должно быть стыдно...

Но Германн не унялся. Лизавета Ивановна каждый день получала от него письма, то тем, то другим образом. Они уже не были переведены с немецкого. Германн их писал, вдохновенный страстию, и говорил языком, ему свойственным: в них выражались и непреклонность его желаний, и беспорядок необузданного воображения. Лизавета Ивановна уже не думала их отсылать: она упивалась ими: стала на них отвечать, — и её записки час от часу становились длиннее и нежнее.

16

Наконец она бросила ему в окошко следующее письмо:

«Сегодня бал у ***-ского посланника. Графиня там будет. Мы останемся часов до двух. Вот вам случай увидеть меня наедине. Как скоро графиня уедет, её люди, вероятно, разойдутся, в сенях останется швейцар, но и он обыкновенно уходит в свою каморку. Приходите в половине двенадцатого. Ступайте прямо на лестницу. Коли вы найдёте кого в передней, то вы спросите, дома ли графиня. Вам скажут нет, — и делать нечего. Вы должны будете воротиться. Но, вероятно, вы не встретите никого. Девушки сидят у себя, все в одной комнате. Из передней ступайте налево, идите всё прямо до графининой спальни. В спальне за ширмами увидите две маленькие двери: справа в кабинет, куда графиня никогда не входит; слева в коридор, и тут же узенькая витая лестница: она ведёт в мою комнату».

Германн трепетал, как тигр, ожидая назначенного времени. В десять часов вечера он уж стоял перед домом графини. Погода была ужасная: ветер выл, мокрый снег падал хлопьями; фонари светились тускло; улицы были пусты. Изредка тянулся Ванька на тощей кляче своей, высматривая запоздалого седока. Германн стоял в одном сертуке, не чувствуя ни ветра, ни снега. Наконец графинину карету подали. Германн видел, как лакеи вынесли под руки сгорбленную старуху, укутанную в соболью шубу, и как вослед за нею, в холодном плаще, с головой, убранною свежими цветами, мелькнула её воспитанница. Дверцы захлопнулись. Карета тяжело покатилась по рыхлому снегу. Швейцар запер двери. Окна померкли. Германн стал ходить около опустéвшего дóма: он подошёл к фонарю́, взгляну́л на часы́, — бы́ло двáдцать мину́т двенáдцатого. Он остáлся под фонарём, устреми́в глазá на часову́ю стрéлку и выжидáя остальны́е мину́ты. Рóвно в половине двенáдцатого Гéрманн ступи́л на графи́нино крыльцó и взошёл в я́рко освещённые сéни. Швейцáра нé было. Гéрманн взбежáл по лéстнице, отвори́л двéри в перéднюю и уви́дел слугу́, спя́щего под лáмпою, в стари́нных, запáчканных крéслах. Лёгким и твёрдым шáгом Гéрманн прошёл ми́мо его. Зáла и гости́ная бы́ли темны́. Лáмпа слáбо освещáла их из перéдней. Гéрманн вошёл в спáльню. Пéред киво́том, напóлненным стари́нными образáми, тéплилась золотáя лампáда. Полиня́лые штóфные крéсла и дивáны с пухóвыми подýшками, с сошéдшей позолóтою, стоя́ли в печáльной симметри́и óколо стен, оби́тых китáйскими обóями. На стенé висéли два портрéта, пи́санные в Пари́же m-me Lebrun. Оди́н из них изображáл мужчи́ну лет сорокá, румя́ного и пóлного, в светлозелёном мунди́ре и со звездóю; другóй — молоду́ю красáвицу с орли́ным нóсом, с зачёсанными вискáми и с рóзою в пýдреных волосáх. По всем углáм торчáли фарфóровые пастýшки, столóвые часы́ работы слáвного Leroy, корóбочки, рулéтки, веерá и рáзные дáмские игрýшки, изобретённые в концé мину́вшего столéтия вмéсте с Монгольфьéровым шáром и Мéсмеровым магнети́змом. Гéрманн пошёл за ши́рмы. За ни́ми стоя́ла мáленькая желéзная кровáть; спрáва находи́лась дверь, ведýщая в кабинéт; слéва, другáя — в коридóр. Гéрманн её отвори́л, уви́дел у́зкую, виту́ю лéстницу, котóрая велá в кóмнату бéдной воспи́танницы... Но он вороти́лся и вошёл в тёмный кабинéт.

Время шло медленно. Всё было тихо. В гостиной пробило двенадцать; по всем комнатам часы одни за другими прозвонили двенадцать, — всё умолкло опять. Германн стоял, прислонясь к холодной печке. Он был спокоен; сердце его билось ровно, как у человека, решившегося на что-нибудь опасное, но необходимое. Часы пробили первый и второй час утра, — и он услышал дальний стук кареты. Невольное волнение овладело им. Карета подъехала и остановилась. Он услышал стук опускаемой подножки. В доме засуетились. Люди побежали, раздались голоса, и дом осветился. В спальню вбежали три старые горничные, и графиня, чуть живая, вошла и опустилась в вольтеровы кресла. Германн глядел в щёлку: Лизавета Ивановна прошла мимо его. Германн услышал её торопливые шаги по ступеням её лестницы. В сердце его отозвалось нечто похожее на угрызение совести и снова умолкло. Он окаменел.

Графиня стала раздеваться перед зеркалом. Откололи с неё чепец, украшенный розами; сняли напудренный парик с её седой и плотно остриженной головы. Булавки дождём сыпались около неё. Жёлтое платье, шитое серебром, упало к её распухлым ногам. Германн был свидетелем отвратительных таинств её туалета; наконец графиня осталась в спальной кофте и ночном чепце: в этом наряде, более свойственном её старости, она казалась менее ужасна и безобразна.

Как и все старые люди вообще, графиня страдала бессонницею. Раздевшись, она села у окна в вольтеровы кресла и отослала горничных. Свечи вынесли, комната опять осветилась одною лампадою. Графиня сидела вся жёлтая, шевеля отвислыми губами, качаясь

19

напра́во и нале́во. В му́тных глаза́х её изобража́лось соверше́нное отсу́тствие мы́сли; смотря́ на неё, мо́жно бы́ло бы поду́мать, что кача́ние стра́шной стару́хи происходи́ло не от её во́ли, но по де́йствию скры́того гальвани́зма.

Вдруг э́то мёртвое лицо́ измени́лось неизъясни́мо. Гу́бы переста́ли шевели́ться, глаза́ оживи́лись: пе́ред графи́нею стоя́л незнако́мый мужчи́на.

— Не пуга́йтесь, ра́ди Бо́га, не пуга́йтесь! — сказа́л он вня́тным и ти́хим го́лосом. — Я не име́ю наме́рения вреди́ть вам; я пришёл умоля́ть вас об одно́й ми́лости.

Стару́ха мо́лча смотре́ла на него́ и, каза́лось, его́ не слыха́ла. Ге́рманн вообрази́л, что она́ глуха́, и, наклоня́сь над са́мым её у́хом, повтори́л ей то же са́мое. Стару́ха молча́ла по-пре́жнему.

— Вы мо́жете, — продолжа́л Ге́рманн, — соста́вить сча́стие мое́й жи́зни, и оно́ ничего́ не бу́дет вам сто́ить: я зна́ю, что вы мо́жете угада́ть три ка́рты сря́ду...

Ге́рманн останови́лся. Графи́ня, каза́лось, поняла́, чего́ от неё тре́бовали; каза́лось, она́ иска́ла слов для своего́ отве́та.

— Это была́ шу́тка, — сказа́ла она́ наконе́ц, — кляну́сь вам! э́то была́ шу́тка!

— Этим не́чего шути́ть, — возрази́л серди́то Ге́рманн. — Вспо́мните Чапли́цкого, кото́рому помогли́ вы отыгра́ться.

Графи́ня ви́димо смути́лась. Черты́ её изобрази́ли си́льное движе́ние души́, но она́ ско́ро впа́ла в пре́жнюю бесчу́вственность.

— Мо́жете ли вы, — продолжа́л Ге́рманн, — назна́чить мне э́ти три ве́рные ка́рты?

20

Графиня молчала; Германн продолжал:

— Для кого вам беречь вашу тайну? Для внуков? Они богаты и без того; они же не знают и цены деньгам. Моту не помогут ваши три карты. Кто не умеет беречь отцовское наследство, тот всё-таки умрёт в нищете, несмотря ни на какие демонские усилия. Я не мот; я знаю цену деньгам. Ваши три карты для меня не пропадут. Ну!..

Он остановился и с трепетом ожидал её ответа. Графиня молчала; Германн стал на колени.

— Если когда-нибудь, — сказал он, — сердце ваше знало чувство любви, если вы помните её восторги, если вы хоть раз улыбнулись при плаче новорождённого сына, если что-нибудь человеческое билось когда-нибудь в груди вашей, то умоляю вас чувствами супруги, любовницы, матери, — всем, что ни есть святого в жизни, — не откажите мне в моей просьбе! — откройте мне вашу тайну! — что вам в ней?.. Может быть, она сопряжена с ужасным грехом, с пагубою вечного блаженства, с дьявольским договором... Подумайте: вы стары; жить вам уж недолго, — я готов взять грех ваш на свою душу. Откройте мне только вашу тайну. Подумайте, что счастие человека находится в ваших руках; что не только я, но дети мои, внуки и правнуки благословят вашу память и будут её чтить, как святыню...

Старуха не отвечала ни слова.

Германн встал.

— Старая ведьма! — сказал он, стиснув зубы, — так я ж заставлю тебя отвечать...

С этим словом он вынул из кармана пистолет.

21

При виде пистолета графиня во второй раз оказала сильное чувство. Она закивала головою и подняла руку, как бы заслоняясь от выстрела... Потом покатилась навзничь... и осталась недвижима.

— Перестаньте ребячиться, — сказал Германн, взяв её руку. — Спрашиваю в последний раз: хотите ли назначить мне ваши три карты? — да или нет?

Графиня не отвечала. Германн увидел, что она умерла.

*dead*

## IV

7 Mai 18**.

Homme sans mœurs et sans religion!

*Переписка.*

Лизавета Ивановна сидела в своей комнате, ещё в бальном своём наряде, погружённая в глубокие размышления. Приехав домой, она спешила отослать заспанную девку, нехотя предлагавшую ей свою услугу, — сказала, что разденется сама, и с трепетом вошла к себе, надеясь найти там Германна и желая не найти его. С первого взгляда она удостоверилась в его отсутствии и благодарила судьбу за препятствие, помешавшее их свиданию. Она села, не раздеваясь, и стала припоминать все обстоятельства, в такое короткое время и так далеко её завлёкшие. Не прошло трёх недель с той поры, как она в первый раз увидела в окошко молодого человека, — и уже она была с ним в переписке, — и он успел вытребовать от неё ночное свидание! Она знала имя его потому только, что некоторые из его писем были им подписаны; никогда с ним не говорила, не слыхала его голоса, никогда о нём не слыхала... до самого сего вечера. Странное дело! В самый тот вечер, на бале, Томский, дуясь на молодую княжну Полину***, которая, против обыкновения, кокетничала не с ним, желал отомстить, оказывая равнодушие: он позвал Лизавету Ивановну и танцевал с нею бесконечную мазурку. Во всё время шутил он над её пристрастием к инженерным офицерам, уверял, что он знает гораздо более, нежели можно было ей предполагать, и некоторые из его шуток были так удачно направлены, что Лизавета Ивановна думала несколько раз, что её тайна была ему известна.

— От кого вы всё это знаете? — спросила она смеясь.

— От приятеля известной вам особы, — отвечал Томский, — человека очень замечательного!

— Кто ж этот замечательный человек?

— Его зовут Германном.

Лизавета Ивановна не отвечала ничего, но её руки и ноги поледенели...

— Этот Германн, — продолжал Томский, — лицо истинно романическое: у него профиль Наполеона, а душа Мефистофеля. Я думаю, что на его совести по крайней мере три злодейства. Как вы побледнели!..

— У меня голова болит... Что же говорил вам Германн, — или как бишь его?..

— Германн очень недоволен своим приятелем: он говорит, что на его месте он поступил бы совсем иначе... Я даже полагаю, что Германн сам имеет на вас виды, по крайней мере он очень неравнодушно слушает влюблённые восклицания своего приятеля.

— Да где ж он меня видел?

23

— В церкви, может быть, — на гуляньеl.. Бог его знаетl может быть, в вашей комнате, во время вашего сна: от него станет...

Подошедшие к ним три дамы с вопросами — oubli ou regret? — прервали разговор, который становился мучительно любопытен для Лизаветы Ивановны.

Дама, выбранная Томским, была сама княжна***. Она успела с ним изъясниться, обежав лишний круг и лишний раз повертевшись перед своим стулом. Томский, возвратясь на своё место, уже не думал ни о Германне, ни о Лизавете Ивановне. Она непременно хотела возобновить прерванный разговор; но мазурка кончилась, и вскоре после старая графиня уехала.

Слова Томского были не что иное, как мазурочная болтовня, но они глубоко заронились в душу молодой мечтательницы. Портрет, набросанный Томским, сходствовал с изображением, составленным ею самою, и, благодаря новейшим романам, это уже пошлое лицо пугало и пленяло её воображение. Она сидела, сложа крестом голые руки, наклонив на открытую грудь голову, ещё убранную цветами... Вдруг дверь отворилась, и Германн вошёл. Она затрепетала...

— Где же вы были? — спросила она испуганным шёпотом.

— В спальне у старой графини, — отвечал Германн, — я сейчас от неё. Графиня умерла.

— Боже мойl.. что вы говорите?..

— И кажется, — продолжал Германн, — я причиною её смерти.

Лизавета Ивановна взглянула на него, и слова Томского раздались в её душе: *у этого человека по крайней*

24

*мере три злодейства на душе!* Германн сел на окошко подле неё и всё рассказал.

Лизавета Ивановна выслушала его с ужасом. Итак, эти страстные письма, эти пламенные требования, это дерзкое, упорное преследование, всё это было не любовь! Деньги, — вот чего алкала его душа! Не она могла утолить его желания и осчастливить его! Бедная воспитанница была не что иное, как слепая помощница разбойника, убийцы старой её благодетельницы!.. Горько заплакала она в позднем, мучительном своём раскаянии. Германн смотрел на неё молча: сердце его также терзалось, но ни слёзы бедной девушки, ни удивительная прелесть её горести не тревожили суровой души его. Он не чувствовал угрызения совести при мысли о мёртвой старухе. Одно его ужасало: невозвратная потеря тайны, от которой ожидал обогащения.

— Вы чудовище! — сказала наконец Лизавета Ивановна.

— Я не хотел её смерти, — отвечал Германн, — пистолет мой не заряжён.

Они замолчали.

Утро наступало. Лизавета Ивановна погасила догорающую свечу: бледный свет озарил её комнату. Она отёрла заплаканные глаза и подняла их на Германна: он сидел на окошке, сложа руки и грозно нахмурясь. В этом положении удивительно напоминал он портрет Наполеона. Это сходство поразило даже Лизавету Ивановну.

— Как вам выйти из дому? — сказала наконец Лизавета Ивановна. — Я думала провести вас по потаённой лестнице, но надобно идти мимо спальни, а я боюсь.

— Расскажи́те мне, как найти́ э́ту потаённую ле́стницу; я вы́йду.

Лизаве́та Ива́новна вста́ла, вы́нула из комо́да ключ, вручи́ла его́ Ге́рманну и дала́ ему́ подро́бное наставле́ние. Ге́рманн пожа́л её холо́дную, безотве́тную ру́ку, поцелова́л её наклонённую го́лову и вы́шел.

Он спусти́лся вниз по вито́й ле́стнице и вошёл опя́ть в спа́льню графи́ни. Мёртвая стару́ха сиде́ла окамене́в; лицо́ её выража́ло глубо́кое споко́йствие. Ге́рманн останови́лся пе́ред не́ю, до́лго смотре́л на неё, как бы жела́я удостове́риться в ужа́сной и́стине; наконе́ц вошёл в кабине́т, ощу́пал за обо́ями дверь и стал сходи́ть по тёмной ле́стнице, волну́емый стра́нными чу́вствованиями⊕По э́той са́мой ле́стнице, ду́мал он, мо́жет быть, лет шестьдеся́т наза́д, в э́ту са́мую спа́льню, в тако́й же час, в ши́том кафта́не, причёсанный à l'oiseau royal, прижима́я к се́рдцу треуго́льную свою́ шля́пу, прокра́дывался молодо́й счастли́вец, давно́ уже́ истле́вший в моги́ле, а се́рдце престаре́лой его́ любо́вницы сего́дня переста́ло би́ться…

Под ле́стницею Ге́рманн нашёл дверь, кото́рую о́тпер тем же ключо́м, и очути́лся в сквозно́м коридо́ре, вы́ведшем его́ на у́лицу.

## V

В э́ту ночь яви́лась ко мне
поко́йница бароне́сса фон В***.
Она́ была́ вся в бе́лом и сказа́ла
мне: «Здра́вствуйте, господи́н
сове́тник!»                 *Шведенбор*.

Три дня по́сле роково́й но́чи, в де́вять часо́в утра́, Ге́рманн отпра́вился в *** монасты́рь, где должны́ бы́ли отпева́ть те́ло усо́пшей графи́ни. Не чу́вствуя раска́яния, он не мог, однако, совершенно заглушить голос совести, твердившей ему: ты убийца старухи! Имея мало истинной веры, он имел множество предрассудков. Он верил, что мёртвая графиня могла иметь вредное влияние на его жизнь, — и решился явиться на её похороны, чтобы испросить у ней прощения.

Церковь была полна. Германн насилу мог пробраться сквозь толпу народа. Гроб стоял на богатом катафалке под бархатным балдахином. Усопшая лежала в нём с руками, сложенными на груди, в кружевном чепце и в белом атласном платье. Кругом стояли её домашние: слуги в чёрных кафтанах с гербовыми лентами на плече и со свечами в руках; родственники в глубоком трауре, — дети, внуки и правнуки. Никто не плакал; слёзы были бы — une affectation. Графиня так была стара, что смерть её никого не могла поразить и что её родственники давно смотрели на неё, как на отжившую. Молодой архиерей произнёс надгробное слово. В простых и трогательных выражениях представил он мирное успение праведницы, которой долгие годы были тихим, умилительным приготовлением к христианской кончине. «Ангел смерти обрёл её, — сказал оратор, — бодрствующую в помышлениях благих и в ожидании жениха полунощного». Служба совершилась с печальным приличием. Родственники первые пошли прощаться с телом. Потом двинулись и многочисленные гости, приехавшие поклониться той, которая так давно была участницею в их суетных увеселениях. После них и все домашние. Наконец приблизилась старая барская барыня, ровесница покойницы. Две молодые девушки вели её под руки. Она не в силах была поклониться до земли, — и одна пролила несколько слёз, поцеловав холодную руку госпожи своей. После неё Германн решился подойти ко гробу. Он поклонился в землю и несколько минут лежал на холодном полу, усыпанном ельником. Наконец приподнялся, бледен как сама покойница, взошёл на ступени катафалка и наклонился... В эту минуту показалось ему, что мёртвая насмешливо взглянула на него, прищуривая одним глазом. Германн, поспешно подавшись назад, оступился и навзничь грянулся об земь. Его подняли. В то же самое время Лизавету Ивановну вынесли в обмороке на паперть. Этот эпизод возмутил на несколько минут торжественность мрачного обряда. Между посетителями поднялся глухой ропот, а худощавый камергер, близкий родственник покойницы, шепнул на ухо стоящему подле него англичанину, что молодой офицер её побочный сын, на что англичанин отвечал холодно: Oh?

Целый день Германн был чрезвычайно расстроен. Обедая в уединённом трактире, он, против обыкновения своего, пил очень много, в надежде заглушить внутреннее волнение. Но вино ещё более горячило его воображение. Возвратясь домой, он бросился, не раздеваясь, на кровать и крепко заснул.

Он проснулся уже ночью: луна озаряла его комнату; Он взглянул на часы: было без четверти три. Сон у него прошёл; он сел на кровать и думал о похоронах старой графини.

В это время кто-то с улицы взглянул к нему в окошко, — и тотчас отошёл. Германн не обратил на то никакого внимания. Чрез минуту услышал он, что отпирали дверь в передней комнате. Германн думал, что денщик

28

его, пьяный по своему обыкновению, возвращался с ночной прогулки. Но он услышал незнакомую походку: кто-то ходил, тихо шаркая туфлями. Дверь отворилась, вошла женщина в белом платье. Германн принял её за свою старую кормилицу и удивился, что могло привести её в такую пору. Но белая женщина, скользнув, очутилась вдруг перед ним, — и Германн узнал графиню!

— Я пришла к тебе против своей воли, — сказала она твёрдым голосом, — но мне велено исполнить твою просьбу. Тройка, семёрка и туз выиграют тебе сряду, но с тем, чтобы ты в сутки более одной карты не ставил и чтоб во всю жизнь уже после не играл. Прощаю тебе мою смерть, с тем, чтоб ты женился на моей воспитаннице Лизавете Ивановне...

С этим словом она тихо повернулась, пошла к дверям и скрылась, шаркая туфлями. Германн слышал, как хлопнула дверь в сенях, и увидел, что кто-то опять поглядел к нему в окошко.

Германн долго не мог опомниться. Он вышел в другую комнату. Денщик его спал на полу; Германн насилу его добудился. Денщик был пьян по обыкновению: от него нельзя было добиться никакого толку. Дверь в сени была заперта. Германн возвратился в свою комнату, засветил свечку и записал своё видение.

## VI

— Атанде!
— Как вы смели мне сказать атанде?
— Ваше превосходительство, я сказал *атанде-с!*

Две неподвижные идеи не могут вместе существовать в нравственной природе, так же, как два тела не

29

мо́гут в физи́ческом ми́ре занима́ть одно́ и то же ме́сто. Тро́йка, семёрка, туз — ско́ро заслони́ли в воображе́нии Ге́рманна о́браз мёртвой стару́хи. Тро́йка, семёрка, туз — не выходи́ли из его́ головы́ и шевели́лись на его́ губа́х. Уви́дев молоду́ю де́вушку, он говори́л: «Как она́ стройна́!.. Настоя́щая тро́йка черво́нная». У него́ спра́шивали: «кото́рый час», он отвеча́л: «без пяти́ мину́т семёрка». Вся́кий пуза́стый мужчи́на напомина́л ему́ туза́. Тро́йка, семёрка, туз — пресле́довали его́ во сне, принима́я все возмо́жные ви́ды: тро́йка цвела́ пе́ред ним в о́бразе пы́шного грандифло́ра, семёрка представля́лась готи́ческими воро́тами, туз огро́мным пауко́м. Все мы́сли его́ слили́сь в одну́, — воспо́льзоваться та́йной, кото́рая до́рого ему́ сто́ила. Он стал ду́мать об отста́вке и о путеше́ствии. Он хоте́л в откры́тых игре́цких дома́х Пари́жа вы́нудить клад у очаро́ванной форту́ны. Слу́чай изба́вил его́ от хлопо́т.

В Москве́ соста́вилось о́бщество бога́тых игроко́в, под председа́тельством сла́вного Чекали́нского, прове́дшего весь век за ка́ртами и нажи́вшего не́когда миллио́ны, выи́грывая векселя́ и прои́грывая чи́стые де́ньги. Долговре́менная о́пытность заслужи́ла ему́ дове́ренность това́рищей, а откры́тый дом, сла́вный по́вар, ла́сковость и весёлость приобрели́ уваже́ние пу́блики. Он прие́хал в Петербу́рг. Молодёжь к нему́ нахлы́нула, забыва́я балы́ для карт и предпочита́я собла́зны фарао́на оболь- ще́ниям волоки́тства. Нару́мов привёз к нему́ Ге́рманна.

Они́ прошли́ ряд великоле́пных ко́мнат, напо́лненных учти́выми официа́нтами. Не́сколько генера́лов и та́йных сове́тников игра́ли в вист; молоды́е лю́ди сиде́ли, развали́сь на што́фных дива́нах, е́ли моро́женое и кури́ли

30

трубки. В гостиной за длинным столом, около которого теснилось человек двадцать игроков, сидел хозяин и метал банк. Он был человек лет шестидесяти, самой почтенной наружности; голова покрыта была серебряной сединою; полное и свежее лицо изображало добродушие; глаза блистали, оживлённые всегдашнею улыбкою. Нарумов представил ему Германна. Чекалинский дружески пожал ему руку, просил не церемониться и продолжал метать.

Талья длилась долго. На столе стояло более тридцати карт. Чекалинский останавливался после каждой прокидки, чтобы дать играющим время распорядиться, записывал проигрыш, учтиво вслушивался в их требования, ещё учтивее отгибал лишний угол, загибаемый рассеянною рукою. Наконец талья кончилась. Чекалинский стасовал карты и приготовился метать другую.

— Позвольте поставить карту, — сказал Германн, протягивая руку из-за толстого господина, тут же понтировавшего. Чекалинский улыбнулся и поклонился, молча, в знак покорного согласия. Нарумов, смеясь, поздравил Германна с разрешением долговременного поста и пожелал ему счастливого начала.

— Идёт! — сказал Германн, надписав мелом куш над своею картою.

— Сколько-с? — спросил, прищуриваясь, банкомёт, — извините-с, я не разгляжу.

— Сорок семь тысяч, — отвечал Германн.

При этих словах все головы обратились мгновенно, и все глаза устремились на Германна. «Он с ума сошёл!» — подумал Нарумов.

— Позвольте заметить вам, — сказал Чекалинский с неизменной своею улыбкою, — что игра ваша сильна: никто более двухсот семидесяти пяти сёмпелем здесь ещё не ставил.

— Что ж? — возразил Германн, — бьёте вы мою карту или нет?

Чекалинский поклонился с видом того же смиренного согласия.

— Я хотел только вам доложить, — сказал он, — что, будучи удостоен доверенности товарищей, я не могу метать иначе, как на чистые деньги. С моей стороны я, конечно, уверен, что довольно вашего слова, но для порядка игры и счётов прошу вас поставить деньги на карту.

Германн вынул из кармана банковый билет и подал его Чекалинскому, который, бегло посмотрев его, положил на Германнову карту.

Он стал метать. Направо легла девятка, налево тройка.

— Выиграла! — сказал Германн, показывая свою карту.

Между игроками поднялся шёпот. Чекалинский нахмурился, но улыбка тотчас возвратилась на его лицо.

— Изволите получить? — спросил он Германна.

— Сделайте одолжение.

Чекалинский вынул из кармана несколько банковых билетов и тотчас расчёлся. Германн принял свои деньги и отошёл от стола. Нарумов не мог опомниться. Германн выпил стакан лимонаду и отправился домой.

На другой день вечером он опять явился у Чекалинского. Хозяин метал. Германн подошёл к столу; понтёры тóтчас дáли емý мéсто. Чекалѝнский лáсково емý поклонѝлся.

Гéрманн дождáлся нóвой тáльи, постáвил кáрту, положѝв на неё свой сóрок семь тысяч и вчерáшний выигрыш. Чекалѝнский стал метáть. Валéт выпал напрáво, семёрка налéво.

Гéрманн открыл семёрку.

Все áхнули. Чекалѝнский вѝдимо смутѝлся. Он отсчитáл девянóсто четыре тысячи и передáл Гéрманну. Гéрманн прѝнял их с хладнокрóвием и в ту же минýту удалѝлся.

В слéдующий вéчер Гéрманн явѝлся опять у столá. Все его ожидáли. Генерáлы и тáйные совéтники остáвили свой вист, чтоб вѝдеть игрý, столь необыкновéнную. Молодые офицéры соскочѝли с дивáнов; все официáнты собрáлись в гостѝной. Все обступѝли Гéрманна. Прóчие игрокѝ не постáвили своѝх карт, с нетерпéнием ожидáя, чем он кóнчит. Гéрманн стоял у столá, готóвясь одѝн понтѝровать прóтиву блéдного, но всё улыбáющегося Чекалѝнского. Кáждый распечáтал колóду карт. Чекалѝнский стасовáл. Гéрманн снял и постáвил свою кáрту, покрыв её кѝпой бáнковых билéтов. Это похóже было на поедѝнок. Глубóкое молчáние цáрствовало кругóм.

Чекалѝнский стал метáть, рýки его тряслѝсь. Напрáво леглá дáма, налéво туз.

— Туз выиграл! — сказáл Гéрманн и открыл свою кáрту.

— Дáма вáша убѝта, — сказáл лáсково Чекалѝнский. Гéрманн вздрóгнул: в сáмом дéле, вмéсто тузá у негó стояла пѝковая дáма. Он не вéрил своѝм глазáм, не понимáя, как мог он обдёрнуться.

33

В эту минуту ему показалось, что пиковая дама прищурилась и усмехнулась. Необыкновенное сходство поразило его...

— Старуха! — закричал он в ужасе.

Чекалинский потянул к себе проигранные билеты. Германн стоял неподвижно. Когда отошёл он от стола, поднялся шумный говор. — Славно спонтировал! — говорили игроки. Чекалинский снова стасовал карты: игра пошла своим чередом.

## ЗАКЛЮЧЕНИЕ

Германн сошёл с ума. Он сидит в Обуховской больнице в 17-м нумере, не отвечает ни на какие вопросы и бормочет необыкновенно скоро: «Тройка, семёрка, туз! Тройка, семёрка, дама!..»

Лизавета Ивановна вышла замуж за очень любезного молодого человека; он где-то служит и имеет порядочное состояние: он сын бывшего управителя у старой графини. У Лизаветы Ивановны воспитывается бедная родственница.

Томский произведён в ротмистры и женится на княжне Полине.

*1833 г.*

# NOTES

## *Faro*

Since the game of faro (фараóн) plays such an important part in the story, a brief description of it is necessary.
It was one of the most popular gambling games among
the European aristocracy in the 18th and early 19th centuries. The banker (банкомёт) held the bank against any
number of punters (понтёры). Two packs of cards were
used. From one of these packs each punter selected a card
and placed it, face down, on the table. He put a stake
(стáвка) on it either by placing the money on top of the card
or by writing the amount staked on it with chalk. When
all had placed their cards the banker began dealing out
the cards from the other pack in pairs (метáть) — placing
the first two cards, face up, one on either side of the
punters' cards. If a punter's card made a double with the
card which fell to the right, the banker won the stake,
if it corresponded with the one on the left, the punter
won. An outright win against the bank in this way was
called сóника. If no pair was formed with either card,
a reckoning was made of each punter's gain and loss on
the basis of the stakes placed on all cards similar to those
dealt by the banker. A punter could also double the stake
he had put on by bending back a corner of his card (this
was called загнýть паролú), and quadruple it (парóли-пé)

35

by bending a second corner. After the reckoning the banker went on to deal the next pair of cards. So the game continued until the whole pack had been dealt out, or the bank broken. The та́лья was then finished, and the banker shuffled the cards for the next game.

*Page*

1 1. А в нена́стные дни . . . This epigraph is marked "Manuscript Ballad" in a rough draft of the story, but appears to be by Pushkin himself.

2. Гну́ли . . . от пяти́десяти на́ сто: *They doubled their stakes from fifty to a hundred.*

3. в пя́том часу́: *after four o'clock.*

4. Те, кото́рые оста́лись в вы́игрыше: *those who had won;* cf. быть в про́игрыше: *to be the loser.*

5. ниче́м меня́ с то́лку не собьёшь: *nothing can put me off.* The second person singular verb without pronoun is indefinite-personal, cf. English '*you*'. The perfective future with не is used to express impossibility, e.g. не пойму́ э́того: *I can't understand this.* The archaic genitive ending -у in то́лку is common in many masculine nouns in fixed phrases, cf. below от испу́гу, с го́лосу: it was much more widely used in the 19th century than it is now.

6. а всё прои́грываюсь: *but I keep on losing.*
Here всё is adverbial. The reflexive particle
makes the verb intransitive with the meaning
*I am always the loser*; whereas two lines above
an object is understood after прои́гра́л, e.g.
игру́ or свой де́ньги. This occurs with many
transitive verbs when they are used intransiti-
vely to express a constant· characteristic of the
subject, e.g. э́та соба́ка куса́ет дете́й: *that dog
bites children*, but э́та соба́ка куса́ется: *that
dog bites.*

7. на руте́: руте́ (French?) means a run of
luck. The temptation spoken of was to keep
on putting money on a card which had been
giving a run of luck.

8. А е́сли кто для меня́ непоня́тен, так э́то
моя́ ба́бушка: *But if there's one person I can't
understand, it's my grandmother*; кто frequently
means *somebody*; так here is *then.*

9. Да что́ ж тут удиви́тельного: *But what is
there surprising in that?*

10. лет шестьдеся́т тому́ наза́д: *about sixty
years ago.* Inversion of numeral and noun
expresses an approximate number.

11. la Vénus moscovite: *the Muscovite Venus.*

37

12. Ришельё: *The Duc de Richelieu* (1696—1788), one of the most notorious adventurers and lady-killers of the 18th century in France, of whom it has been said that "his whole life was a scandal".

13. он чуть было не застрелился: *he was just about at the point of shooting himself.* Чуть не alone means *nearly*, but with было it is more emphatic. The particle было is used with the past tense of a perfective verb to express an action which the subject was on the point of doing but then for some reason did not carry out, e.g. он было постучал в дверь, но раздумал и ушёл: *he was just going to knock on the door, but changed his mind and went away.*

14. В то время дамы играли в фараон — by the time of the story only men played cards.

15. она проиграла на слово герцогу Орлеанскому что-то очень много: *she lost a very big sum of money on promise to the Duke of Orleans.*

16. сколько я помню: *as far as I remember.* Normally насколько is used, e.g. насколько мне известно: *so far as I know.*

17. был род бабушкина дворецкого: *was a kind of butler to granny.* Possessive adjectives

in -ин are still formed freely from diminutives of Christian names and names of relations, e.g. мишин брат *Misha's brother*, мамино пальто *Mummy's coat*. They decline with mixed endings.

**3**     **18.** полгода, полмиллиона: the nominative case of such nouns consists of the prefix пол- plus a noun in the genitive form. In oblique cases the noun element has the appropriate case ending and the prefix becomes полу-, e.g. с полумиллионом *with half a million*.

**19.** под Парижем: *near, in the environs of Paris*. Hence adjectives like подмосковный *near Moscow*. The implication is that if they had been in Moscow they could have had more money sent from their estates.

**20.** Нет, да и только: *No, and that's the end of it*.

**21.** о графе Сен-Жермене: *"Count" Saint-Germain* (d. 1780) was a mysterious figure who lived under a variety of assumed titles. In Paris he made a reputation by his luxurious living, grand manner and claim to be an alchemist, possessing the secrets mentioned here.

**22.** вечного жида: *the Wandering Jew*, a legendary figure who refused to let Jesus rest at his

gate on his way to Calvary, and was punished
by being made to wander about the world
without rest till Jesus should come again.

3     23. Казанóва: *G. G. Casanova* (1725—1798)
the Italian adventurer and author of the famous *Memoirs* describing his many exploits and
amours.

24. что он был шпиóн. A noun in the nominative after был expresses a very permanent or
essential quality, whereas the instrumental
(e.g. in Ch. III: Гéрманн был свидéтелем...
*Hermann was the witness of*...) is used for a
temporary quality or occupation or one which
gives only one out of many known characteristics of the person. In the 19th century, however, the nominative was much more common
than the instrumental not only after быть,
but after such verbs as звать, казáться, стано-
вúться, оставáться, etc.

4     25. застáл в ужáсном гóре: supply её.

26. au jeu de la Reine: *at the Queen's gaming-
table* or *salon* at Versailles. The Queen was
either Marie Leczinska or Marie-Antoinette.

5     27. чёрта с два! literally: *about (approximately)
two devils — devil take it!* The preposition c

with the accusative (usually of a singular noun or collective numeral) expresses an approximate number, e.g. С минýту простоя́ли мóлча: *They stood without speaking for about a minute.*

28. пóмнится, Зóричу — i.e. мне пóмнится: *to Zorich, so far as I can remember.* S. G. Zorich was one of Catherine the Great's favourites and an inveterate gambler.

29. Epigraph to Ch. II: "*You appear to be very fond of lady's maids.*" — "*Well, madame, they are fresher*".

30. семидеся́тых годóв: *of the seventies.* In referring to a historical period this genitive plural of год is used, but in a partitive sense, лет is used, e.g. двáдцать лет *twenty years.*

31. одевáлась так же дóлго: *took just as long to dress.*

32. grand'maman: *grandmother.*

33. я к вам с прóсьбою — supply пришёл or обращáюсь: *I have a request to make of you.*

34. Что такóе? *What is it?* This phrase is always used in asking for a definition, e.g. Что такóе искýсство? *What is art?*

41

35. тут мне его и предста́вишь: *you can just introduce him to me there.*

36. И, мой ми́лый! Here и is a long-drawn interjection of disagreement or objection: *Oh, my dear! What are you saying?*

37. Такова́ ли была́ её ба́бушка? literally: *Is that what her grandmother was like?* — i.e. *She's not a patch on her grandmother.*

38. Я чай, она́ уж о́чень постаре́ла: *I dare say she has aged a great deal.* Here чай for ча́ю is from the archaic verb ча́ять *to expect, hope.* The emphatic particle уж emphasises о́чень.

39. она́ лет семь как умерла́: *it's about seven years since she died.* This can be considered a colloquial abbreviation of the literary construction: Прошло́ уже́ лет семь с тех пор, как она́ умерла́.

40. а я́ и не зна́ла: и is emphatic: *and I didn't even know.*

41. пожа́лованы в фре́йлины: *given the title of Lady-in-waiting.* In this construction involving "animate" nouns denoting occupations, the accusative plural after в is like the nominative instead of the genitive, cf. Его́ избра́ли

в депутáты ог депутáтом *He was elected as a deputy*; он произведён в рóтмистры *he has been promoted to the rank of Captain*.

42. Лúзанька. As the Countess uses it, this familiar diminutive (like the forms of address мать моя́ and мáтушка) is more condescending than caressive. Лизавéта is a colloquial form of Елизавéта, Лúза a neutral diminutive. Tomsky's familiar use of the French "Lise" shows that he accepts her as almost one of the family, although too poor to be of much account. Pushkin emphasises her obscurity by never giving her surname.

43. воéнный или стáтский. It was the tradition at this date for members of the Russian aristocracy to engage in service to the state, either in the armed forces or the civil service. Both categories wore uniforms and had equivalent ranks.

44. не из ны́нешних: *none of those modern ones*.

45. такóй ромáн, где бы герóй не давúл ни отцá . . .: *a novel in which the hero doesn't strangle his father* . . . The subjunctive is used because the Countess is speaking about a hypothetical type of novel with this desirable quality.

43

**46.** Не хотите ли ра́зве ру́сских? Here ра́зве means *perhaps*, whereas in the next line: A ра́зве есть ру́сские рома́ны? — it is an interrogative particle meaning *Is it possible that* . .?, with main emphasis falling on есть: *ARE there any Russian novels?*

**47.** над са́мой канво́ю: *right down over the canvas.*

**48.** Прикажи́ . . . каре́ту закла́дывать. The imperfective infinitive is used because getting the carriage ready is a complex action taking some time to perform.

**49.** Что́ ты, мать моя́! глуха́, что́ ли? *What on earth are you doing, woman! Are you deaf or something?* Throughout this passage the Countess speaks in a tone of petulance and impatience.

**50.** Вели́ скоре́й закла́дывать каре́ту: *Tell them to get the carriage ready quickly.* A comparative adverb is frequently used for emphasis, e.g. ти́ше! *quietly! be quiet!*

**51.** Благодари́ть. The infinitive is used for curt commands; if speaking to an equal the Countess would have said Благодари́те.

52. Раскро́й-ка. The particle -ка softens an imperative and makes it more encouraging.

53. с го́лосу спа́ла, что́ ли? *have you lost your voice or something?* Cf. note 5.

54. Да что́ ж каре́та? *But what about the carriage?*

55. Что́ ж ты не оде́та? *Why aren't you dressed?*

56. Не прошло́ двух мину́т: *Less than two minutes passed.* Even with an intransitive verb negation may cause the subject to be put into the genitive, the verb becoming impersonal.

57. Что э́то вас не докли́чешься? literally: *How is it that one can never make you hear when one calls?* — i.e. *Why do you never come when you're called?* Several verbs can be used with the prefix до- and the reflexive particle to express the eventual achievement (or often non-achievement) of the result of the action, e.g. Он до́лго стуча́л в дверь, но не достуча́лся: *He knocked on the door for a long time but couldn't get anyone to answer.* Here the second person singular is used in an indefinite-personal way; cf. proverbs like Что посе́ешь, то пожнёшь: *As you sow, so you (will) reap.*

**58.** Никáк нет-с was a servile form used instead of simply нет when addressing a superior; cf. the analogous equivalent for да — так тóчно-с. The particle -с is an abbreviated form of сýдарь *sir* which was frequently attached to words in respectful speech.

**59.** прехолóдный *extremely cold;* пре- could be used with any adjective to express an extreme degree of the quality; cf. a few lines below пренесчáстное *most unfortunate.* It is not normally used in modern Russian.

**60.** нéчего бы́ло наряжáться: *there was no use your getting all dressed up.*

**61.** Гóрек чужóй хлеб... The quotation is from Dante's *Paradiso* XVII.

**62.** Комý и знать... как не...: *who should know... if not...*

**63.** отлюбúвшие в свой век: *who have done their share of loving in their day.* The prefix от- can give the sense of finishing or leaving off the action.

**64.** и чýждые настоя́щему: *and (who are) out of touch* or *harmony with the present day.*

46

65. Многочи́сленная че́лядь её. The servants and maids in a Russian landowner's house consisted of house serfs, дворо́вые (лю́ди), originally taken from villages belonging to the family, but eventually losing all connection with the land as peasants. Their quarters were called людска́я, and the maids lived and worked (sewing) in a room called де́вичья.

66. vis-à-vis: *a partner to make up a set.*

67. была́ сто раз миле́е...: *she was a hundred times nicer than*... Normally in such comparisons в is used, e.g. он в два ра́за ста́рше её: *he is twice as old as she.*

68. оста́вя тихо́нько... гости́ную. Many verbs of the second conjugation have two alternative forms of the perfective gerund: оста́вив more "regular" and оста́вя. The latter form was more widely used in the 19th century, but still exists in some verbs where no other form is now used, e.g. отворотя́сь *having turned away*, придя́ *having arrived*, and other verbs of motion where forms like прише́дши are archaic; cf. below возвратя́сь *having returned*. It also occurs in fixed phrases, e.g. сложа́ ру́ки *with arms folded* (the "normal" gerund сложи́в is used in other contexts).

10    69. за недéлю пéред той сцéной ...: *a week before the scene* ... This combination of prepositions is used in specifying one point in time in relation to another, за expressing the length of time that has elapsed in between; cf. за два гóда до войны́ *two years before the war.* Similarly, for *two days after the evening* ... in the preceding line it would be more precise to say чéрез два дня пóсле вéчера.

11    70. Дня чéрез два: *A couple of days later.* This is the normal position of a preposition with an expression of approximate number. Cf. note 10.

71. закры́в лицó бобрóвым воротникóм: *his face concealed by a beaver-fur collar.* The perfective gerund is often used in preference to a phrase with с and a participle, e.g. с лицóм, закры́тым бобрóвым воротникóм. Cf. below устреми́в на неё глазá: (*with*) *his eyes fixed on her.*

72. не проходи́ло дня, чтоб молодóй человéк ... не явля́лся: *not a day passed without the young man appearing;* cf. notes 45 and 56.

73. Мéжду им и éю. In modern Russian the pronouns would be ним and ней, as after other prepositions.

74. жил одни́м жа́лованьем: *lived on his salary alone*.

75. бу́дучи в душе́ игро́к. In modern Russian the instrumental is almost invariably used for a complement after бу́дучи: бу́дучи игроко́м.

76. проси́живал. This imperfective is more precise and expressive than сиде́л, which would however be possible here. If the time spent *sitting, standing, living*, etc. at a place is expressed precisely (e.g. весь день, три дня) and the emphasis is on the action as a completed whole, then the perfective with про- is used, e.g. он просиде́л три часа́; он про́жил там два го́да (whereas if the emphasis is on the duration of time rather than the total spent, the imperfective is used, e.g. он сиде́л три часа́). When, as here, the action taking the specified total time is repeated, then either the original imperfective сиде́л, or the "new" frequentative imperfective проси́живал derived from просиде́л, is used.

77. в одно́й из гла́вных у́лиц: nowadays this would be на одно́й . . .

78. углово́го бу́дочника. Russian policemen at this date stood, holding halberds, in sentry-boxes (бу́дка) which were very often situated at the corner of the street.

79. **Epigraph to Ch. III**: *"My angel, you write me letters four pages long faster than I can read them."*

80. Тóлько Лизавéта Ивáновна успéла . . . как ужé . . . : *No sooner had Lizaveta Ivanovna managed to take off her coat and hat than the Countess sent for her.*

81. во всю дорóгу: *during the whole journey.*

82. дéлать вопрóсы: normally *to ask questions* is задавáть вопрóсы.

83. Ей нé с кем бы́ло посовéтоваться: *There was no-one for her to consult.*

84. Он тогó и ожидáл: *This was just what he expected.* Here и emphasises тогó.

85. испугáвшись и поспéшности трéбований . . . Normally пугáться takes the genitive case: the dative here is an isolated occurrence (perhaps influenced by удивляться).

86. Это пи́сано, вéрно, не ко мне. The imperfective past participle passive corresponds to the usage of the past tense of писáть, читáть and other verbs, when emphasis is on the subject: Кто писáл это? *WHO wrote it?*; whereas

interest in the object — *Who wrote THIS?* — is
expressed by Кто написа́л э́то?

16 87. то тем, то други́м о́бразом: (*delivered*)
*sometimes by one means, at other times by other
means.*

17 88. часо́в до двух: *till about two o'clock.* Cf.
note 70.

89. иди́те всё пря́мо: *keep going straight ahead.*

90. Ге́рманн трепета́л, как тигр: *Hermann was
as restless as a tiger.* Pushkin must have been
impressed by the sight of a tiger in a menagerie,
as he used this simile in «Вы́стрел», one of the
«По́вести Бе́лкина»: "*At these words Silvio
stood up, threw his cap to the floor and began
walking up and down the room like a tiger in its
cage.*"

91. Ва́нька на то́щей кля́че свое́й. This does
not mean that the cabby was riding the horse:
на is widely used in denoting means of trans-
port: e.g. е́хать на лошадя́х means *to ride in a
horse-drawn vehicle. To take a cab* was е́хать на
изво́зчике or на ва́ньке.

92. в одно́м сертуке́: literally *wearing only his
frock-coat*; i.e. *without a cloak or winter overcoat.*

18 93. ми́мо его́ — cf. note 73.

94. пи́санные в Пари́же m-me Lebrun: cf. note 86. ´L. E. Vigée-Lebrun was a famous French court portrait-painter of the late eighteenth and early nineteenth centuries.

95. Leroy, Julien and Pierre were well-known French clock-makers of the 18th century.

96. Монгольфье́ровым and Ме́смеровым are possessive adjectives from J. M. Montgolfier (1740—1810) the French pioneer of ballooning, and Franz Mesmer (1733—1815) the early Austrian investigator of hypnotism, which he attributed to the power of "animal magnetism". Possessive adjectives in -ов now occur only in such fixed phrases as e.g Архиме́дов при́нцип the principle of Archimedes. They decline with "mixed" endings.

97. одни́ за други́ми: one after the other. Plural forms must be used because часы́ a clock is plural in form.

98. Була́вки дождём сы́пались о́коло неё: Pins scattered (showered) around her like rain.

99. она́ каза́лась ме́нее ужа́сна и безобра́зна. In modern Russian the instrumental would be normal: она́ каза́лась ме́нее ужа́сной. Cf. note 24.

19    100. в вольте́ровы кре́сла: *in a Voltaire arm-chair* — a type of chair with a high back and arms which was very popular in Russia. Voltaire is frequently portrayed sitting in such a chair. Cf. note 96.

20    101. по де́йствию скры́того гальвани́зма. The Italian scientist Luigi Galvani (1737—1798) had shown that the muscles of dead animals (particularly frogs' legs) could be made to contract and move by passing an electric current through them.

102. я пришёл умоля́ть вас об одно́й ми́лости: *I have come to beg a certain favour of you.* Verbs of *asking* may have this construction or more commonly проси́ть у кого́-нибудь что́-нибудь or чего́-нибудь.

103. чего́ от неё тре́бовали: *what was being demanded of her.* The third person plural verb without pronoun is used in an indefinite-personal way, cf. говоря́т *they say.*

104. Этим не́чего шути́ть: *Don't try to make a joke of it.* Colloquially не́чего with an infinitive means *there's no use* or *you must not.*

21    105. не зна́ют и цены́ деньга́м: *do not even know the value of money.* Usually the price or value of something is expressed by the genitive,

e.g. цена́ хле́ба: the dative occurs only in figurative phrases, cf. цены́ нет ему́ *he is invaluable.*

21   106. всем, что ни есть свято́го: *by all that is holy.* Here ни gives the meaning *whatever.*

107. не откажи́те мне в мое́й про́сьбе: *do not deny(me) my request.* There are two constructions expressing refusal: отказа́ть кому́-нибудь в чём-нибудь *to refuse to grant someone's request;* and отказа́ться де́лать что́-нибудь *to refuse to do something* or отказа́ться от пода́рка *to refuse a gift.*

108. что вам в ней? *of what use is it to you?*

109. жить вам уж недо́лго: *you haven't long to live.* The word order and particle уж give a more emphatic intonation than would вам недо́лго жить.

22   110. Epigraph to Ch. IV: "*A man with neither morals nor religious faith!*"

23   111. коке́тничала не с ним: i.e. she *was* flirting, but not with Tomsky. The position of не may be changed if it does not negate the whole predicate, but some particular word in the sentence. Cf. later in this chapter: всё э́то бы́ло не любо́вь! ... Не она́ могла́ утоли́ть ...

112. бесконéчную мазýрку. In the mazurka as danced in the ballroom there was a general promenade of all couples round the room, then each couple in turn danced a solo to show off their skill. After this followed many cotillon figures, in each of which the couples in turn emulated a figure set by the leading couple, while the resting couples sat on chairs. As some of these extemporised figures incorporated "party games" similar in type to "The Grand Old Duke of York" or "Drop the handkerchief", with devices to make dancers change partners, the whole dance could go on for a long time, and there was plenty of opportunity for conversation both while promenading and sitting out.

113. Во всё врéмя — supply мазýрки; cf. note 81. Usually *all the time* is всё врéмя without a preposition.

114. Его зовýт Гéрманном. Verbs of *naming* like назвáть usually have the complement in the instrumental, but with звать *to call* in conversation the nominative is normal, e.g. егó зовýт Ивáн.

115. лицó úстинно романúческое: *a truly Romantic character;* cf. Introduction and vocabulary.

116. и́ли как бишь его́? *or whatever his name is.*

117. Бог его́ зна́ет: *God knows* — его́ being an unspecified object *it.*

118. от него́ ста́нет: *he is quite capable of that:* from the colloquial use of стать in the sense *to be sufficient.*

119. oubli ou regret? *forget or regret?* This was a way of selecting a partner by chance during the mazurka. Two ladies secretly agreed on a pair of *"passwords"*: the gentleman had to dance the rest of the figure with the one whose "password" he chose, thereafter taking the lady back to her seat and returning to his own partner.

120. кото́рый станови́лся мучи́тельно любопы́тен — cf. note 24.

121. я причи́ною её сме́рти: *I am the cause of her death.* Although a noun complement in the instrumental after the verb *to be* occurs only when a form of the verb is expressed (past or future tense, gerund), in a few expressions it appears also in the present, when the verb is "understood"; cf. Вино́й всего́ несча́стья Ива́н: *Ivan is to blame for all the trouble.*

122. одно́ его́ ужаса́ло: *one thing (only) horrified him.*

**123.** из дому is a fixed phrase of adverbial type, with stress shifted off the noun on to the preposition, and the archaic genitive ending -y; cf. note 5; cf. покатиться со смеху: *to rock with laughter.*

26 **124.** причёсанный a l'oiseau royal — a style of coiffure named after the *crowned crane.*

**125.** Шведенборг: *Emanuel Swedenborg* (1638 —1772) was a Swedish scientist who turned to the study of the Bible, in the correct interpretation of which he claimed to have received the assistance of spirits. His visionary writings, giving a complete mystical interpretation of the universe, gained wide popularity throughout Europe in the 18th and 19th centuries.

27 **126.** Имея мало истинной веры, он имел множество предрассудков: *While he had little real faith, he had many superstitious beliefs.*

**127.** Усопшая лежала . . . In a Russian funeral the body, dressed in ordinary clothes, is displayed in the open coffin in the church, where all who wish can take leave of the deceased after the funeral service.

**128.** une affectation: *a pretence.*

**129.** отжившую: *one who had already finished her life;* cf. note 63.

27     130. пра́ведницы, кото́рой до́лгие го́ды ...
The word order is normally до́лгие го́ды кото́-
рой ...

131. Ангел сме́рти обрёл её ... The bishop
speaks in the archaic liturgical language of the
Russian Orthodox church, which contains many
old Church Slavonic words.

132. в ожида́нии жениха́ полуно́щного is a
reference to the parable of the wise and foolish
virgins in St. Matthew's Gospel.

133. и одна́ пролила́ не́сколько слёз: *and she
alone wept a few tears.*

28     134. на холо́дном полу́, усы́панном е́льником:
Sprigs of fir were scattered on the ground in
the path of the cortège all the way from the
house to the church or cemetery, possibly as a
symbol of eternal life (evergreen leaves) or
resurrection (as a substitute for palms).

135. о́б вемь: *to the ground.* This adverbial
phrase is now written о́земь. Cf. стака́н раз-
би́лся о́б пол: *the glass broke against the floor.*

136. услы́шал он, что отпира́ли дверь: *he
heard the door being opened.* Cf. note 103.

29     137. удиви́лся, что́ могло́ привести́ её: *won-
dered what could have brought her.*

138. с тем, чтобы . . .: understand с тем (ус-
ло́вием).

139. наси́лу его́ добуди́лся: *was scarcely able
to make him wake up.* Cf. note 57.

140. Ата́нде and ата́нде-с. This is a humorous
play on the imperfect pronunciation of French
by people not belonging to the upper crust
of Russian society, and on the insistence of
people of higher rank that their "inferiors"
should use the proper form of address in speaking to them; cf. note 58.

141. две неподви́жные иде́и: *two fixed ideas,*
presumably a translation of the French *idée
fixe,* for which the modern equivalent is навя́з-
чивая иде́я.

142. Вся́кий пуза́стый мужчи́на напомина́л
ему́ туза́. Туз *ace* is considered animate and
has the accusative like the genitive. Here the
association of another meaning of туз (*a rich
or important person*) is perhaps being brought
into play.

143. тесни́лось челове́к два́дцать игроко́в:
*there crowded about twenty players.* Челове́к
in the genitive plural, as here, is used as a
"measure word" after numerals with some

nouns denoting persons, e.g. collectives: пять человéк детéй *five children*, and nouns having the genitive plural like the nominative singular: шестьдесят человéк солдáт *sixty soldiers*. Cf. English *ten head of cattle*. But it is also used in expressions of approximate number involving persons, instead of simply inverting numeral and noun, e.g. тридцать студентов *thirty students*, but человек тридцать студентов *about thirty students*. The verb agrees with the numeral in the neuter singular because it precedes the numeral and because the number is approximate — cf. below: На столé стоя́ло бóлее тридцати́ карт.

144. отгибáл ли́шний угол, загибáемый рассéянною рукóю. The innuendo is that while the reckoning was going on (cf. note on faro) a player who had not doubled his stake before the deal might "absent-mindedly" be in the act of bending (present participle passive) a corner of his card in order to double his gains: the banker would notice this and politely straighten the corner out again to correct the "mistake".

145. надписáв мéлом куш над своéю кáртою. He wrote *on* the card, but над is used to correspond to the verbal prefix.

146. довóльно вáшего слóва: *your word is sufficient.* Words expressing sufficiency are followed by the genitive — cf. э́того достáточно *that is enough.*

147. извóлите получи́ть? *do you wish to take your winnings?*

148. стакáн лимонáду. In modern Russian this would be стакáн лимонáда: the partitive genitive in -y was much more widely used in the 19th century.

149. ожидáя, чем он кóнчит: *waiting to see how he would end up.*

150. Дáма вáша уби́та: *Your Queen is beaten* or, literally, *Your lady is dead.*

151. обдёрнуться. The prefix o- and the reflexive particle added to a verb give the meaning *to make a mistake in carrying out the action.* Hermann had pulled out (дёрнул, perfective of дёргать) what he thought was the card he wanted — the ace — but in fact had pulled out the wrong one. Cf. in Ch. V Гéрманн, поспéшно подáвшись назáд, оступи́лся ...: *tripped,* i.e. *stepped (and placed his foot wrongly).* Hermann's three games were as follows:

61

# HERMANN'S THREE GAMES

## HERMANN'S
## CARDS

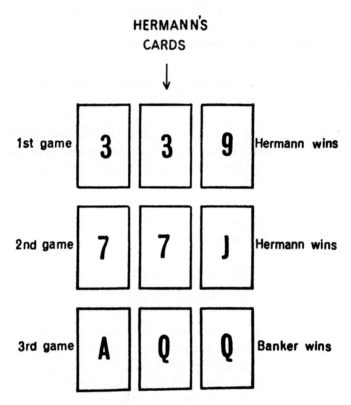

| | | | |
|---|---|---|---|
| 1st game | 3 | 3 | 9 | Hermann wins |
| 2nd game | 7 | 7 | J | Hermann wins |
| 3rd game | A | Q | Q | Banker wins |

*Page*

58    152. он где́-то слу́жит: *he has a post in some government office.*

153. То́мский произведён в ро́тмистры — cf. note 41.

# VOCABULARY

All words occurring in the text are given, except the personal pronouns.

Nouns: an undesignated form following the nominative singular is the genitive singular. Other forms have been given where stress is mobile, the position of stress in the last form given applying to the remainder of the paradigm, e.g. ночь, *pl* ночи, ночей — stress on stem in the singular and nominative plural, but on endings in genitive plural and all other cases in the plural.

Verbs: both aspects are given, the imperfective first, followed by /. Single verbs not marked *perf* are imperfective. For entirely 'regular' verbs in -ать, -еть (first conjugation), and -ить (second conjugation), only the infinitive is given. The present tense is given where necessary to show change of stem or stress. The third person singular only is given if stem and stress are constant throughout the tense. Regular consonant changes in verbs of second conjugation are given in brackets, e.g. бросить (с/ш) means present is брошу, бросишь, бросит, etc. Mobile stress in the present is indicated by M, e.g. положить M means положу, положишь, положит, etc. The change of suffix in verbs like пробовать — пробую, пробует is shown thus: (ов/у). The numbers added to the past tense indicate mobile stress: ² means stress is as in ждал, ждала, ждало, ждали; ³ means stress is as in вёл, вела, вело, вели.

Abbreviations used:

| | | | |
|---|---|---|---|
| A. | accusative | *Ch. Sl.* | Church Slavonic |
| *act.* | active | *cj.* | conjunction |
| *adj.* | adjective | *coll.* | colloquial |
| *adv.* | adverb | *comp.* | comparative |
| *arch.* | archaic | D. | dative |

| | | | |
|---|---|---|---|
| *dim.* | diminutive | *part.* | participle |
| *f.* | feminine | *pass.* | passive |
| *fut.* | future | *pcle.* | particle |
| G. | genitive | *perf.* | perfective |
| *ger.* | gerund | *pl.* | plural |
| I. | instrumental | *poss.* | possessive |
| *imperat.* | imperative | *pp.* | past participle |
| *imperf.* | imperfective | *ppp.* | past part. passive |
| *impers.* | impersonal | *pres.* | present |
| *indecl.* | indeclinable | *pron.* | pronoun |
| *intrans.* | intransitive | *refl.* | reflexive |
| *lit.* | literally | *rel.* | relative |
| *loc.* | locative | *sg.* | singular |
| *m.* | masculine | *sht. fm.* | short form |
| M. | mobile stress | *trans.* | transitive |
| *n.* | neuter | *voc.* | vocative |
| P. | prepositional | | |

64

# A

**а** *cj.* and, but; *as introductory word often no translatable meaning*
**áвтор** author
**алкáть** — áлчет (+ G.) *arch.* crave, hunger for
**áнгел** angel
**англичáнин** Englishman
**анекдóт** anecdote
**аппетíт** appetite
**архиерéй** bishop
**архитектýра** architecture
**ассигнáция** *arch.* banknote
**атáнде** (*French* attendez) wait, (at cards) do not play
**атлáсный** of satin
**áхать** / **áхнуть** exclaim "ach" in amazement or sympathy

# Б

**бáбушка** grandmother
**бáбушкин** *poss. adj.* grandmother's; *see note 17*
**бал**, *pl.* **балы́** ball, dance
**балдахíн** canopy, baldaquin
**бáльный** *adj. from* **бал** ball, dance
**бáнка** jar
**бáнковый** *adj. from* **банк** bank

**банкомёт** banker (at cards)
**баронéсса** baroness
**бáрский** belonging to the gentry
**бáрхатный** velvet
**бáрыня** lady; **бáрская б.** housekeeper in gentry home, who dressed not as a peasant but as a lady
**бáрышня** young lady
**бáтюшка** father (*as form of address*), "my lad"
**башмáк, -á** (*arch.*) shoe
**бéгать** run (*not at a specific moment*)
**бéглый** cursory, superficial
**бéдный** poor
**бежáть** — **бегý, бежи́т** / **по-** run (*at a specific moment, with definite direction*)
**без** (+ G.) without; **и без тогó** as it is
**безобрáзный** monstrous, ugly
**безотвéтный** (*here*) unresponsive
**бéлый** white; **онá былá вся в бéлом** she was dressed all in white
**бережлíвость** *f.* thrift, economy
**бережлíвый** careful
**берéчь** — **берегý, бережёт,** *past* **берёг, -лá²** protect, preserve

65

берут *see* брать
бес demon
бесконе́чный endless, interminable
беспоко́ить worry
беспоко́йство anxiety, uneasiness
беспоря́док disorder, confusion
беспреста́нно incessantly
бессо́нница insomnia
бесчу́вственность *f.* impassivity
биле́т ticket, note
бить — бьёт beat; trump or otherwise beat a lower card
би́ться beat (of heart)
бишь *expletive pcle used when trying to recall something to mind*: как бишь его́ (зову́т) now, what's his name
благодари́ть / по- thank
благода́рный (+ D., за + A.) grateful (to, for)
благодаря́ (+ D.) thanks to
благоде́тельница benefactress
благо́й (*arch.*) good
благословля́ть / благослови́ть (в / вл) bless
блаже́нство bliss
бледне́ть / по- become pale
бле́дный pale, wan
блестя́щий brilliant
бли́зкий, бли́зко — *comp.* бли́же near, close
блиста́ть shine
бобро́вый *adj. from* бобр beaver
Бог — *voc.* Бо́же God
бога́тство riches
бога́тый rich, magnificent
бо́дрствовать (ов/у) (*bookish*) stay awake, keep watch
бо́лее more

боле́ть — боли́т / за- ache, be sore
болтовня́ chatter, idle talk
больни́ца hospital
бо́льше more
большо́й big, great
бормота́ть — бормочу́, бормо́чет murmur, mumble
ботфо́рта (*arch.*) high boot worn by cavalry
боя́ться — бои́тся (+ G.) fear, be afraid of
брать — берёт / взять — возьмёт take, get
броди́ть (д/ж) wander, roam
броса́ть / бро́сить (с/ш) *imperat.* бросы throw; leave off, give up
бу́дочник (*arch.*) policeman
бу́дучи *ger. from* быть being
була́вка pin
бума́га paper
бунтова́ть (ов/у) rebel
бы *conditional and subjunctive pcle*
бы́вший former
бы́ло *pcle. with past tense of vb.*; *see note 13*
быстрогла́зый sharp-eyed
бы́стрый quick, swift
быть — *fut.* бу́ду be
бьёт *see* бить

## В

ва́жный important, grave
вале́т knave (at cards)
ва́нька (*arch.*) (*from* Ва́ня *dim. of* Ива́н) *coll. name for* driver of an old rickety cab with a decrepit horse

66

варварство barbarity
вбегать / вбежать — вбегу,
вбежит run into
вводить (д/ж) / ввести —
введёт, *past* ввёл, -á lead
into
вдохновённый inspired
вдруг suddenly
ведёт, ведущий *see* вести
ведьма witch
веер, *pl.* веера fan
век age, century; lifetime
вексель, *pl.* векселя *m.* promis-
sory note, I. O. U.
велеть — велит (+ D.) *imperf.
and perf.* command, order
мне велено I have been com-
manded
вели *see* вести, велеть
великолепный magnificent
величавый majestic
вера belief, faith
верить / по- (+ D.) believe
верно (*coll.*) truly, no doubt
верный true, sure, trusty
вероятно probably
Версаль *f.* Versailles
вертеться — верчусь, вертится
/ по- turn, spin
весёлость *f.* gaiety
весёлый, *sht. fm. n.* весело,
*comp.* веселее gay, merry
вести — ведёт, *past* вёл, вела /
по- lead (*at a specific moment,
with definite direction*)
весть *f.* item of news
весь, вся, всё, *etc.* all, the
whole; все everybody
ветер wind
ветреный windy; flighty, frivolous

вечер evening; вечером in the
evening
вечный eternal
взбегать / взбежать run up
взгляд glance
взглядывать / взглянуть —
взгляну, взглянет (на + A.)
look, glance (at)
вздор rubbish
вздохнуть *see* вздыхать
вздрагивать / вздрогнуть —
вздрогнет shudder, start
вздыхать / вздохнуть — вздох-
нёт sigh
взойти *see* всходить
взор look, glance, sight
взять *see* брать
вид sight, view, look, form
при виде at the sight of
иметь виды на + A. reckon
on, have designs on
видать (*coll.*) see (frequently);
*common in past after* не
видаться (*coll.*) see each other,
meet
видение vision
видеть — вижу, видит / у-
see; *past perf.* catch sight
of; увидя *perf. ger. see
note* 68
видимо obviously, evidently
вино wine
виноватый (в + P.) guilty (of),
to blame (for)
висеть — вишу, висит hang
(*intrans.*)
висок, -ска temple (of head),
hair on the temple
вист whist
витой twisted, spiral
влияние influence

влюблённый (в + A.) enamour-
ed (of), in love (with)
вместе (с + I.) together, along
(with)
вместо (+ G.) instead of
вниз down (wards)
внимание attention
обращать в. (на + A.) pay
attention (to)
внук grandson, grandchild
внутренний internal, inward
внятный distinct, clear
вовсе не not at all
водить (д/ж) M. lead (not at a
specific moment)
военный military; as noun soldier
возвращать / возвратить (т/щ)
or вернуть — вернёт return.
give back
возвратясь perf. ger. see note 68
возвращаться / возвратиться
or вернуться return (intrans.)
возможный possible
возмущать / возмутить (т/щ)
stir up, disturb
возобновлять / возобновить
(в/вл) renew, resume
возражать / возразить (з/ж)
object, retort, reply
возьмёт see взять
войти see входить
волнение emotion, excitement
волновать (ов/у) / вз-, pres.
part. pass. волнуемый di-
sturb, agitate, excite
волокитство gallantry, running
after women
волос, pl. волосы hair
волочиться (за + I.) run after
(women)

вольтеров poss. adj. from Voltaire; see note 100
воля will
воображать / вообразить (з/ж)
imagine
воображение imagination
вообще generally, in general
вопрос question
ворота n. pl. a gate
воротиться (т/ч) M. (coll.) =
возвратиться
воротник, воротника collar
восемьдесят eighty
восклицание exclamation
вослед (arch., normally вслед)
(за + I.) after, following
воспитанница ward, protégée
воспитывать / воспитать bring
up
воспользоваться (ов/у) perf.
(+ I.) take advantage of,
make use of
восторг rapture, ecstasy
вот here is, there is; behold
вот и всё that's all
вошедши, вошёл, вошла see
входить
впадать / впасть — впадёт,
past впал fall into
впервые for the first time
вперёд in front; (coll.) in future
впредь (bookish) in future
впрочем however, and yet
вредить (д/ж) / по- (+ D.)
harm
вредный harmful
время, времени time
во время during
в это время at that time or
moment
вручать / вручить hand over

68

всё *adv.* still, ever

все *pron. see* весь

всегда́ always

всегда́шний constant, wonted

вселя́ться / всели́ться take up one's abode

всё-таки nevertheless, still, in any case

вско́ре soon

вслух aloud

вслу́шиваться / вслу́шаться (в + А.) listen attentively (to)

вспомина́ть / вспо́мнить remember, recall

вспы́хивать / вспы́хнуть — вспы́хнет flare up, flush

встава́ть — встаёт / встать — вста́нет stand up, rise

встреча́ть / встре́тить (т/ч) meet

встреча́ться / встре́титься (т/ч) (с + I.) meet (each other), encounter

всходи́ть (д/ж) / взойти́ — взойдёт, *past* взошёл go up; *perf. past also* = вошёл (*coll.*)

вся́кий each, every, any

второ́й second

входи́ть (д/ж) / войти́ — войдёт, *past* вошёл, *perf. ger.* (*arch.*) воше́дши, *now* войдя́ go / come in enter

вчера́сь (*arch.* = вчера́) yesterday

вчера́шний yesterday's

выбира́ть / вы́брать — вы́берет choose

вы́ведший *pp. act. from* вы́вести lead out, bring out

вы́веска shop-sign

вы́говор rebuke, reprimand

выдава́ть — выдаёт / вы́дать — вы́даст give out

в. себя́ за кого́-нибудь pose as, claim to be someone

выжида́ть / вы́ждать — вы́ждет wait impatiently, put off time

вы́жить из ума́ *perf.* take leave of one's senses, enter second childhood

выи́грывать / вы́играть win

вы́игрыш gain, winnings

вы́йти *see* выходи́ть

вынима́ть / вы́нуть — вы́нет take out

выноси́ть (с/ш) / вы́нести — вы́несет, *past* вы́нес, -ла carry out

вынужда́ть / вы́нудить (д/ж) force, extort

вы́нуть *see* вынима́ть

выпада́ть / вы́пасть — вы́падет fall (to one's lot), land

выпи́сывать / вы́писать — вы́пишет write out, copy

вы́пить *see* пить

выража́ть / вы́разить (з/ж) express

выража́ться / вы́разиться (з/ж) express oneself, be expressed

выраже́ние expression

выска́зывать / вы́сказать — вы́скажет put into words, express

выслу́шивать / вы́слушать listen to, hear out

высма́тривать / вы́смотреть — вы́смотрит be on the lookout for

высо́кий high, tall

выстрел shot
вытребовать (ов/у) *perf.* receive as a result of demanding
выть — вбет howl
вытягивать / вытянуть — вытянет draw out; stretch; *refl.* extend, *here* appear
выходить (д/ж) / выйти — выйдет, *past* вышел go *or* come out
в. из себя lose one's temper

## Г

гадательный fortune-telling
гальванизм galvanism
гасить (с/ш) / по- extinguish
где where, in which
где-то somewhere
генерал general, officer or official belonging to one of the four top ranks
гербовый bearing a coat of arms
герб
Германн Hermann; Германнов *poss. adj.* — *see note 96*
герой hero
герцог duke
главный chief, main
глаз, *pl.* глаза eye
глубокий deep, profound
глухой deaf, hollow-sounding, muffled
глядеть (д/ж) / по- (на + A.) look (at); г. в окно look through the window (in *or* out)
гнуть — гнёт / со- bend; *see note on faro*
говор sound of voices, talking

говорить / сказать — скажу, скажет speak, say, tell
год, *pl.* годы, годов, G. *pl. after cardinal numerals* лет year
голова, головы, A. *sg.* голову, *pl.* головы, голов, головам; *dim.* головка head
голос, *pl.* голоса voice
голый bare, naked
гоняться (за + I.) chase, pursue (*not at a specific moment*)
гораздо *with comp. adj.* much, far
горе grief, distress
горек *see* горький
горесть *f.* grief, sorrow
гореть — горит / с- burn (*intrans.*)
горечь *f.* bitter taste, bitterness
горничная chamber-maid
город, *pl.* города town, city
горький, *m. sht. fm.* горек bitter
горячиться / раз- become heated, get excited
господин, *pl.* господа, господ gentleman
госпожа lady, mistress
гостиная drawing-room
гость, *pl.* гости, гостей *m.* guest
государственный state
государыня sovereign, *here* Empress
готический Gothic
готовиться (в/вл) / при- prepare
готовый ready, prepared
грандифлор a plant with large flowers, e. g. magnolia
граф count

70

**графи́ня** countess
**графи́нин** *poss. adj.* countess'; *see note 17*
**гремучий** thundering, noisy
**грех, греха́** sin
**гроб** coffin
**гро́зный** stern, menacing, terrible
**гро́мче** *comp. of* **гро́мкий** loud
**гру́да** pile, heap
**грудь, гру́ди,** *loc.* **на груди́** *f.* breast, bosom
**гря́нуться — гря́нется** *perf.* tumble, crash down
**губа́,** *pl.* **гу́бы, губ, губа́м** lip
**гуля́нье** walk, outing

### Д

**да** yes; and, but (*coll.*)
**дава́ть — даёт / дать** *irreg.* give
**дави́ть (в/вл) / у- М.** crush; choke, strangle
**да́вний** (*bookish*) long past
**давно́** long ago; for a long time
**да́же** even
**далеко́** far (away)
**дальне́йший** further
**да́льний** distant
**да́ма** lady; queen (at cards)
**да́мский** ladies'
**дать** *see* **дава́ть**
**два,** *f.* **две,** G. **двух** two
**два́дцать** twenty
**двена́дцатый** *adj. from* **двена́дцать** twelve
**дверь,** *pl.* **две́ри, двере́й** (*often used in pl.*) *f.* door; **две́рца** *dim.* door of a carriage
**две́сти,** G. **двухсо́т** two hundred

**дви́гаться — дви́гается** *or* **дви́жется / дви́нуться — дви́нется** move
**движе́ние** movement; **д. души́** agitation
**двор** court
**дворе́цкий** butler
**двух** *see* **два**
**де́вичий** girl's, maiden's; *as f. noun.* maids' room in landowner's house
**де́вка** (*arch.*) **де́вушка** girl, maid
**девяно́сто** ninety
**девя́тка** a nine
**де́вять** nine
**де́душка** grandfather
**де́йствие** effect, action
**де́йствовать (ов/у) / по- (на + A.** *or arch.* **над + I.)** act, produce an effect (on)
**де́лать / с-** make, do
**де́латься / с- (+ I.)** become; happen
**де́ло** *pl.* **дела́** affair, business, thing
**в са́мом де́ле** really, in fact
**де́монский** (*arch.*) daemonic
**де́нежный** financial
**денщи́к** batman
**день, дня** day
**на друго́й день** next day
**де́ньги** *f. pl.,* G. **де́нег** money
**дере́вня,** *pl.* **дере́вни, дереве́нь, деревня́м** village
**держа́ть — держу́, де́ржит** hold
**де́рзкий** daring, bold
**де́рзость** *f.* boldness, impudence
**де́сять** ten
**де́ти** *n. pl.,* **дете́й, детьми́** children
**дива́н** sofa, couch

71

дипломати́ческий diplomatic

дли́нный, *comp.* длинне́е long

дли́ться / про- last, continue

для (+ G.) for

днём, дни, дня *see* день

до (+ G.) as far as, up to, till
до того́, что to such an extent that

добива́ться / доби́ться — добьётся (+ G.) achieve, obtain, get·

доброду́шие good-nature

добуди́ться (д/ж) M. *perf.* succeed in waking; *see note 57*

дове́ренность *f.* trust, confidence

дово́льно sufficiently, rather, fairly; *as pred.* + G. it is sufficient

дово́льный, *sht. fm. m.* дово́лен (+ I.) content, pleased (with)

догово́р treaty, agreement, (com)pact

догора́ть / догоре́ть — догори́т burn out, burn down (*intrans.*)

дожда́ться — дождётся, *past*[2] *perf.* (+ G.) wait/live till something happens

дождь, дождя́ rain

дока́зывать / доказа́ть — докажу́, дока́жет prove, demonstrate

докла́дывать / доложи́ть M. announce

докли́каться — докли́чется *perf.* (*coll.*) draw someone's attention by shouting; *see note 57*

долг debt, duty

до́лгий long

до́лго long, for a long time

долговре́менный long

до́лее *or* до́льше *comp. of* до́лго longer

до́лжен, должна́, должно́, должны́ must, ought, is to

до́лжно (*impers.* + D.) it is necessary, one ought

доложи́ть *see* докла́дывать

дом, *pl.* дома́ house, building

до́ма at home

дома́шний domestic; *pl. as noun* people of the household

домо́й home(wards)

допи́ть — допьёт, *past* до́пил[2] *perf.* finish drinking

допла́чивать / доплати́ть (т/ч) M. pay in full

доро́га road, way

дорого́й, *n. sht. fm.* до́рого dear

доставля́ть / доста́вить (в/вл) deliver, supply, bring

досто́инство merit

доходи́ть (д/ж) M. / дойти́ — дойдёт, *past* дошёл (до + G.) go as far as, reach

друг, *pl.* друзья́ friend

друго́й (an)other

дру́жба friendship

дру́жески *adv. from* дру́жеский in a friendly way

ду́мать / по- think

ду́ться — ду́ется (на + A.) be annoyed (with), sulk

дух spirit

душа́, души́, A. *sg.* ду́шу, *pl.* ду́ши, душ, ду́шам soul
в душе́ at heart

ду́шенька *dim. of* душа́ my dear

дья́вольский devilish; *here read* with the devil

дя́дя uncle

# Е

**е́здить (д/ж)** go, ride, travel (*not at a specific moment*)
**е́ли** *see* **есть**[2]
**е́льник** fir-wood, fir twigs
**е́сли** if
**есть**[1] is, there is
  **то́ есть** that is
  **так и есть** exactly, just as I thought
**есть**[2] — **ем, ест**, *etc.*, *past* **ел** / **съ-** eat
**е́хать** — **е́дет** / **по-** go, ride, travel (*at a specific moment, with definite direction*)
**ещё** still, yet; else, also, moreover
  **ещё оди́н** one more, another

# Ж

**ж = же**
**жа́лкий** pitiful
**жа́лованье** (*arch.*) salary
**жа́ловать (ов/у)** / **по-** (*arch.*) favour, confer a title
**жа́ловаться (ов/у)** / **по-** (**на +** A.) complain (of)
**ждать** — **ждёт**, *past*[2] / **подо-** (**+** A. *or* G.) wait (for)
**же** *cj.* however, but
**же** *emphatic pcle.*
  **что ж де́лать** what can one do about it?
**жела́ние** wish, desire
**жела́ть** / **по-** (**+** D. **+** G.) wish (someone something)
**желе́зный** iron
**жёлтый** yellow
**жени́ться** — **женю́сь, же́нится** *imperf. and perf.* (**на +** P.) get married to (of a man)

**жени́х, жениха́** bridegroom
**же́нщина** woman
**же́ртвовать (ов/у)** / **по-** (**+** I.) sacrifice
**жесто́кий** cruel, severe
**жесто́кость** *f.* cruelty
**живо́й** alive, lively, vivid
**жид, жида́** (*vulgar and abusive for* **евре́й**) Jew
**жи́зненный** of life
**жизнь** *f.* life
**жире́ть** / **раз-** get fat
**жить** — **живёт**, *past*[2] live

# З

**за** (**+** A. *or* I.) for
  **за неде́лю пе́ред** *see note 69*
**за** (**+** A. *or* I.) behind, after (following)
  **за стол(о́м)** at the table
  **бе́гать за ке́м-нибудь** run after someone
  **оди́н за други́м** one after the other
  **за перча́тку** into one's glove
**за** (**+** A. *with verbs of holding, catching, etc.*) by
**забиться** — **забьётся** *perf.* to start beating (of heart)
**заблужде́ние** error, temptation
**забыва́ть** / **забы́ть** — **забу́дет** forget
**зави́симость** *f.* dependence
**завлека́ть** / **завле́чь** — **завлеку́, завлечёт**, *pp. act.* **завлёкший** entice, lure
**загиба́ть** / **загну́ть** — **загнёт** bend back, turn down; *see note on* **faro**

заглушáть / заглушńть drown,
stifle (a noise)

вагнýть *see* вагнбáть

загребáть / загрестń — загре-
бёт, *past* загрёб, -лá³ rake up
*or* in

задýмываться / задýматься fall
to thinking, muse

займёт *see* занимáть

закáт sunset, decline of life

закивáть *perf.* (+ I.) begin to
nod (*trans.*)

заклáдывать / заложńть М.
lay, put; harness

заключéнне conclusion

закричáть *see* кричáть

закрывáть / закрńть — за-
крóет cover, close

закурńть *perf.* light (pipe, cigarette)

закýсывать / закусńть (с/ш)
bite

зал (*arch.* зáла) hall

заложńть *see* заклáдывать

замéтнть *see* замечáть

замечáнне remark

замечáтельный remarkable

замечáть / замéтить (т/ч) notice, observe, remark

замолчáть — замолчńт *perf.*
fall silent

зáмуж: вńйтń зáмуж за + А.
marry (of a woman)

занимáть / занáть — займёт,
*past* зáнял², *ppp.* зáнятый
occupy, interest

занимáться / занáться (+ I.)
occupy oneself with, pay attention to, be engrossed in;
*perf.* take up

запáчканный stained

запечáтывать / запечáтать seal

запирáть / заперéть — запрёт,
*past* зáпер, -лá lock up

запńска, *dim.* запńсочка note;
*pl.* memoirs

запńсывать / записáть — за-
пńшет write down, make a
note of

заплáканный tear-stained

заплáкать *see* плáкать

заплатńть *see* платńть

запоздáлый belated

заронńться / заронńться
(*arch.*) (в + А.) be implanted
in, be impressed on

заряжáть / зарядńть (д/ж)
load

засветńть (т/ч) *perf.* light

заслонńть / заслонńть cover,
shield, push into the background

заслýживать / заслужńть earn

засмеáться *see* смеáться

заснýть *see* засыпáть

зáспанный sleepy

заставáть — застаёт / застáть
— застáнет come upon, find

заставлáть / застáвить (в/вл)
make (someone do some-
thing); cram, crowd

застáть *see* заставáть

застрéливаться / застрелńться
shoot oneself

засуетńться (т/ч) *perf.* begin
fussing about

засыпáть / заснýть — заснёт
fall asleep

затрепетáть *see* трепетáть

затáгиваться / затянýться —
затянýсь, затáнется take a
puff at a pipe or cigarette

захло́пываться / захло́пнуться — захло́пнется shut with a bang

зачём why

зачёсанный combed back

звать — зовёт, *past*[a] / по- call, summon

звезда́, *pl.* звёзды star *here* of an order of merit

звони́ть / по- ring

здесь here

здра́вствуйте good day, how do you do

зева́ть / зевну́ть — зевнёт yawn

зелёный green

земля́, земли́, A. *sg.* зе́млю, *pl.* зе́мли earth, ground

земь (*arch.*) = земля́ *see note 135*

зе́ркало, *pl.* зеркала́, *dim.* зе́ркальце mirror

зи́мний wintry

злоде́йство villainous act, crime

злой wicked, malicious

знак sign

в знак чего́-нибудь as a sign of something

знако́мство acquaintance

знако́мый acquainted, familiar

быть знако́мым с ке́м-нибудь to know someone

зна́тный of the nobility (знать *f.*)

знать / у- know; *perf.* find out, learn

зову́т *see* звать

зо́лото gold

золото́й golden

зуб, *pl.* зу́бы, зубо́в tooth

# И

и *cj.* and; *emphatic pcle.* also, too, even

и́бо *cj.* (*rhetorical*) for, because

игра́ game, play, gambling

игра́ть / сыгра́ть play

игре́цкий of gaming, gambling

игро́к, игрока́ player, gambler

игру́шка toy

иде́я idea

идти́ — идёт, *past* шёл, шла / пойти́ go, walk (at *a definite moment, with definite direction*)

из (+ G.) out of, from

избави́тель *m.* deliverer

избавля́ть / изба́вить (в/вл) deliver, save

избало́ванный spoiled, indulged

изве́стный known, well-known, certain

извиня́ть / извини́ть excuse, pardon; *refl.* excuse oneself

изво́лить, *imperat.* изво́льте *imperf.* (*arch.*) be pleased, deign

издержа́ть — изде́ржит *perf.* expend

из-за (+ G.) from behind, out of; because of

изли́шний superfluous, excessive

изменя́ться / измени́ться — изменю́сь, изме́нится change, alter

изобража́ть / изобрази́ть (з/ж) depict, express

изображе́ние representation, picture

изобрета́тель *m.* inventor, discoverer

изобретáть / изобрести́ — из-
обретёт, *past* изобрёл, -á,
*ppp.* изобретённый invent
из-под (+ G.) from beneath
и́зредка infrequently, occasion-
ally
изъяснять / изъясни́ть (*arch.*
= объясня́ть) explain; *refl.*
explain oneself
и́ли or
и́ли ..., и́ли either ... or ...
име́ть — име́ет have
и́мя, и́мени, *pl.* имена́, имён,
имена́м name, Christian name
ина́че otherwise, differently
ина́че как except
инжене́р engineer, officer of
the Engineers; инжене́рный
*adj.*
иногда́ sometimes
ино́й other
не что ино́е, как no more
than, nothing but
интри́га intrigue, scheme
иска́ть — ищу́, и́щет (+ G. *or*
A.) look for, seek
исполня́ть / испо́лнить fulfil,
carry out
испра́шивать / испроси́ть (с/ш)
beg for and (*perf.*) receive
испу́г fright; *see note 5*
испуга́ть (ся) *see* пуга́ть (ся)
и́стина truth
и́стинный true
истлева́ть / истле́ть — истле́ет
decay, rot
исто́рия story, history
исчеза́ть / исче́знуть — ис-
че́знет, *past* исче́з, -ла disappear
ита́к and so

# К

к (+ D.) to, towards, to someone's house *or* room
-ка *see note 52*
кабали́стика magic lore
кабине́т private room, closet
кавалери́ст cavalry soldier *or*
officer
ка́ждый every, each
каза́ться — кажу́сь, ка́жется /
по- (+ I.) seem, appear
ка́жется apparently, I think
как how, as, as if; *coll.* when
как и like
как же! of course!
как бы as if
како́в, какова́, каково́, *etc.* of
what kind? what do you
think of ...?
како́й which, what?
како́й-нибудь some (or other)
ка́к-то somehow
камене́ть / о- turn to stone,
stand stone-still
ка́мень, ка́мня, *pl.* ка́мни, кам-
не́й stone
камерге́р chamberlain, Gentleman of the Bedchamber
(fourth-highest rank at court
in Imperial Russia)
камерди́нер footman
камо́рка little room, cubby-
hole
канва́ canvas
капита́л capital, sum of money
капо́т (*arch.*) kind of woman's
coat
каре́та carriage
каре́тник coach-maker
карма́н pocket

картавить (в/вл) speak with a burr

карточный *adj. from* карты

карты *f. pl.* playing-cards
  играть в карты to play cards

касаться / коснуться — коснётся (+ G.) touch, concern

катафалк catafalque

катиться (т/ч) M. / по- roll (*at a specific moment, with definite direction*)

кафтан kind of man's coat worn in the 18th century

качание rocking

качаться rock, swing

кивот shrine, shelf for ikons in the corner of a room

кипа pile, stack

китайский Chinese

клад treasure, fortune

кланяться / поклониться M. bow, pay respects to
  к. до земли *or* в землю prostrate oneself, kneel touching the ground with one's forehead

класть — кладёт / положить M. lay, put

ключ, ключа key

клясться — клянётся, *past* клялся³ / по- swear

кляча nag

книга book

княгиня princess (wife of a prince)

княжна princess (daughter of a prince)

князь *m., pl.* князья, князей prince

когда when

когда-нибудь ever, at any time

кокетничать flirt

колено, *pl.* колени knee
  становиться на колени kneel

колесо, *pl.* колёса wheel

коли (*coll* = если) if

колода pack of cards

комната room

комод chest of drawers

кондитерский pastry-cook's

конец, конца end

конечно of course

конногвардеец, конногвардейца officer *or* trooper of the Horse Guards

кончать / кончить finish; *refl.* come to an end

кончина end, death, demise

коридор corridor

кормилица wet-nurse

коробка, *dim.* коробочка box, casket

королева queen

короткий short; close, intimate

который which, who

кофта woman's jacket, bed-jacket

крайний extreme

красавица beautiful woman

краска colour, paint

красота beauty

краткость *f.* brevity

крашеный painted

крепкий strong, firm, sound

кресло (*used in the pl. in the 19th century*) armchair

крест, креста cross; крестом in a cross

кричать — кричит / за- *су,* shout

кровать *f.* bed

круг circle

круго́м around, all round
кружевно́й of lace
крыльцо́, *pl.* кры́льца flight of
    steps up to the door of a
    house
кста́ти to the point, by the way
кто who, somebody, anybody
кто́-то somebody
куда́ where (to), whither; *ex-
    clam* what's the use!
кури́ть M. smoke
кусо́к, куска́, *dim.* кусо́чек
    piece
куш stake (at cards)


## Л

ла́вка small shop
лад mode, manner
лаке́й footman, servant
ла́мпа lamp
лампа́да ikon-lamp — *a small
    vessel filled with oil which hung
    in front of the ikons and burned
    continuously with a very dim
    light*
ла́сковость *f.* affectionateness,
    amiability
ла́сковый affectionate, wel-
    coming
лёгкий light
легла́ *see* ложи́ться
леденёть / по- *or* о- turn to ice
лежа́ть — лежи́т lie
ле́нта ribbon, sash
ле́стница stair (case)
ле́то, *pl.* лета́ summer; *pl.* years
    лет сорока́ of about forty
    years of age
лечь *see* ложи́ться
ли *interrog pcle.* whether

лимона́д lemonade
лихора́дочный feverish
лицо́, *pl.* ли́ца, *dim.* ли́чико
    face, person, character
    в лицо́ by sight
ли́шний extra, superfluous
ложи́ться / лечь — ля́гу, ля́жет,
    *past* лёг, -ла́ lie down, land
    лечь спать go to bed
лука́вый sly
луна́ moon
любе́зность *f.* kindness, cour-
    tesy
любе́зный kind, dear, amiable,
    obliging
люби́ть (б/бл) M. love
любо́вник *m.*, любо́вница *f.*
    lover
любо́вь, любви́ *f.* love
любопы́тный curious, intri-
    guing
любопы́тство curiosity
лю́ди, G. люде́й people


## М

магнети́зм magnetism
мазу́рка mazurka; мазу́рочный
    *adj.*
мале́йший least, slightest
ма́ленький small, little
ма́ло little, few, too little
мамзе́ль *f.* mademoiselle
мать, ма́тери, *dim.* (*arch.*) ма́-
    тушка mother
    м. моя́ *familiar form of ad-
    dress, usually to a middle-
    aged woman* (*arch.*); *here peev-
    ishly* 'miss'
мгнове́нно instantly
ме́дленный slow

ме́дный of copper, brass

ме́жду (+ I.) between, among
  ме́жду тем meanwhile, at the same time

мел chalk

ме́лкий fine, small

мелька́ть / мелькну́ть — мелькнёт flash, appear for a moment

ме́нее less

ме́ра measure
  по кра́йней ме́ре at least

ме́ркнуть — ме́ркнет, past мерк, -ла / по- fade, go out

мёртвый dead

ме́сто, pl. места́ place, space, seat

мета́ть — мечу́, ме́чет throw, cast
  м. банк (in faro) to be the banker, who throws out the cards

Мефисто́фель m. Mephistopheles

мечта́тельница dreamer

меша́ть / по- (+ D.) disturb, hinder, prevent

миллио́н million

ми́лость f. favour, grace

ми́лый dear, nice, pretty

ми́мо (+ G.) by, past

мину́та minute

мину́вший (arch.) past, last

мир world, peace

мирандо́ль : игра́ть мирандо́лем (arch.) play cautiously, for small stakes

ми́рный peaceful

мно́го much, many

многочи́сленный numerous

мно́жество great number

моги́ла grave

мог, могу́ see мочь

мо́да fashion

мо́дный fashionable; мо́дная ла́вка modiste, milliner

мо́жет see мочь

мо́жет быть perhaps

мо́жно it is possible, one can, one may

мо́крый wet

молодёжь f. young people

молодо́й, dim. моло́денький young

мо́лодость f. youth

мо́лча adv. silently, without speaking

молча́ние silence, not speaking

молча́ть — молчи́т be silent, say nothing

монасты́рь, монастыря́ monastery

моро́женое ice-cream

моско́вский of Moscow

мост, мо́ста or моста́, pl. мосты́ bridge

мостова́я roadway, road surface

мот spendthrift

мочь — могу́, мо́жет, past мог, -ла́ / с- be able, can, may

мочь f. (coll.) might, power
  изо все́й мо́чи (= изо всех сил) with all one's might

мра́чный gloomy, sombre

мстить — мщу, мстит / ото- (+ D.) be revenged (upon), get even (with)

муж, pl. мужья́, муже́й husband

мужчи́на man

му́ка torment

мунди́р dress-uniform

му́тный dull, lustreless
му́чаться see му́читься
му́ченица martyr
мучи́тельный tormenting, agonising
му́читься or (rarely) му́чаться / за- be tormented
му́шка beauty spot
мысль f. thought

# Н

на (+ A. or P.) on, in; (+ A. in expressions of time or with events to take place in the future) for
наблюда́ть / наблюсти́ — наблюда́ет, past наблю́л, -á observe
набра́сывать / наброса́ть sketch
на́взничь adv. on one's back
на́глый insolent, brazen
над (+ I.) over, above; here also at the top of
надгро́бный funereal
наде́жда hope
наде́яться — наде́юсь, наде́ется, ger. наде́ясь hope; (на + A.) rely upon
на́добно (arch.) it is necessary
на́добность f. necessity
надпи́сывать / надписа́ть — надпишу́, надпи́шет inscribe, write at the top of something
наедине́ tête-à-tête
нажа́ть — нажмёт perf. acquire, make (money)
наза́д back, backwards (тому́)наза́д ago
назнача́ть / назна́чить appoint, allot, name

найти́ (сь) see находи́ть (ся)
наказа́ние punishment
наклоня́ть / наклони́ть M., ppp. наклонённый bow, bend down
наконе́ц finally, at last
нале́во to the left
наме́рение intention
наобу́м adv. at random
наперерыв adv. vying with each other
написа́ть see писа́ть
наполня́ть / напо́лнить fill
напомина́ть / напо́мнить (кому́-либо что́-либо) remind someone of something
направля́ть / напра́вить (в/вл) direct, aim
напра́во to the right
наприме́р for example
напу́дренный powdered
наро́д people
нару́жность f. exterior
наря́д attire, finery
наряжа́ться / наряди́ться (д/ж) dress up (in fine clothes)
наси́лу (coll.) with great difficulty, scarcely
насле́дство legacy, inheritance
насме́шливый mocking
наставле́ние (arch.) instruction, directions
наста́вница (arch.) mentor, guide and counsellor
настоя́щий real, proper
наступа́ть / наступи́ть (п/пл) M. come on, set in
нахлы́нуть — нахлы́нет perf. gush, rush swiftly, come rushing
нахму́риться see хму́риться

находи́ть (д/ж) / найти́ — найдёт, past нашёл, нашла́ find (trans); come over (intrans)
находи́ться be situated
нача́ло beginning
начина́ть / нача́ть — начнёт, past на́чал¹ begin
на́чисто clean, completely
нашёл, нашла́ see находи́ть
не́бо, pl. небеса́ sky, heaven
неве́домый unknown, mysterious
неве́ста bride, fiancee
невнима́ние lack of attention, unconcern, neglect
невозвра́тный irretrievable, irrevocable
нево́льный involuntary
невпопа́д not to the point, out of place
недви́жимый immobile
неде́ля, G. pl. неде́ль week
недово́льный, sht. fm. m. недово́лен (+ I.) displeased (with)
недоброжела́тельность f. ill-will, malevolence
недо́лго not for long
недостава́ть — недостаёт impers. with D., 'object' in G. be lacking, be short of
не́жели (arch.) than
не́жный tender
незави́симость f. independence
незаме́тно imperceptibly
незаслу́женный undeserved, unmerited
незнако́мый unfamiliar, unknown
неизме́нный invariable, unfailing

неизъясни́мый inexplicable
не́когда at one time, once
не́кого there is nobody; with prepositions separates, e.g. не́ с кем
не́который some, (a) certain
нельзя́ it is impossible, one may not, cannot
неме́дленно immediately
не́мец, не́мца German; неме́цкий adj.
неми́лость f. disfavour, displeasure
немно́гие few
нена́стный rainy and cold
необду́манный ill-considered, rash
необу́зданный unbridled
необходи́мость f. necessity
необходи́мый essential, necessary
необыкнове́нный unusual
неосторо́жный imprudent, indiscreet
неподви́жный motionless, fixed
непоколеби́мый unshakeable
непоня́тный, sht. fm. m. непоня́тен incomprehensible
непреклонность f. inflexibility, inexorability
непреме́нно without fail, definitely
не́сколько (+ G.) several, some, a few
нескро́мный immodest, indiscreet
несмотря́ на (+ A.) despite, notwithstanding
несно́сный intolerable
несчастли́вый unlucky
нет no; there is not

нетерпёние impatience
с нетерпёнием eagerly
неуважёние disrespect
неуслóвленный without arrangement, informal
нехотя́ (coll.) reluctantly
нечáянно inadvertently
нéчего there is nothing; with prepositions separates, e.g. нé о чем
нéчего дéлать there is nothing one can do
нéчто something
ни not one, not a single; cf. also никакóй, никтó, etc.
ни ... ни ... neither ... nor ...
низкий low
никáк in no way, not at all; see note 58
никакóй no kind of, not any; with prepositions separates, e.g. ни на какие
никогдá never
никтó nobody; with prepositions separates
ничтó, ничегó nothing; with prepositions separates
нищетá poverty, penury
но but
новéйший latest
новорождённый newly-born
нóвый new
ногá, ноги́, A. sg. нóгу, pl. нóги, ног, ногáм leg, foot
нос nose
носи́ть (с/ш) M. carry (not at a specific moment)
неравнодýшный not indifferent
ночнóй nocturnal, night
ночь, pl. нóчи, ночéй night
нóчью at night

нрáвственный moral, ethical, spiritual
нрáвы m. pl. morals and manners
ну well!, now then!
нýжный necessary
(нам) дéньги нужны́ we need money
нýмер (in modern Russian нóмер) room (usually in a hotel)
ны́нешний present-day
ны́нче nowadays

O

о, об, обо (+ P.) about; coll. об is often used even before a consonant, e.g. об нём
о, об (+ A.) against
обдёргиваться / обдёрнуться — обдёрнется pull out the wrong card; cf. note 151
обегáть / обежáть — обегý, обежи́т run round
обéд dinner
обéдать have lunch
обежáть see обегáть
обивáть / оби́ть — обобьёт cover (floor, walls, etc.)
обкрáдывать / обокрáсть — обокрадёт, past обокрáл rob
óбморок swoon
обогащéние noun from обогащáть / обогати́ть (т/щ) to become rich
обóи m. pl. wall-hangings, wallpaper
обокрáсть see обкрáдывать
обольщéние seduction
оборóт turn
обóями see обóи

образ image, form, way; ikon
каким образом in which way, how
таким образом in this way, thus
обращать / обратить (т/щ) turn, direct
обращаться / обратиться (т/щ) (к + D.) turn (towards); address oneself to
обретать / обрести — обретёт, *past* обрёл, -á (*Ch. Sl.*) find
обрусеть *perf.* become russified
обряд rite, ceremony
обстоятельство circumstance
обступать / обступить (п/пл) M. crowd round
общество society
объявлять / объявить (в/вл) M. announce
объяснение explanation
обыкновение (*bookish*) habit
по обыкновению as usual
обыкновенный usual, ordinary, common
овладевать / овладеть (+ I.) overcome, seize
огненный fiery, red
огонь, огня fire
огромный enormous
одеваться / одеться — оденется, *ppp.* одетый dress oneself
один, одна, одно, *pl.* одни one, a certain; only, alone
один из них one of them
один и тот же (one and) the same
однажды once, one day
однако however, but

одолжение favour
сделайте о. please be so kind
оживлённый animated
оживляться / оживиться (в/вл) become animated, come alive
ожидание expectation
ожидать (+ A. *or* G.) expect, await
озарять / озарить illuminate brightly
означать signify, indicate
оказывать / оказать — окажу, окажет show, evince
оказываться / оказаться (+ I.) turn out to be, prove to be
окаменеть *see* каменеть
оканчивать / окончить finish off
оклеенный pasted over
окно, *pl.* окна, окон, окнам, *dim.* окошко window
на окне on the window-sill
около (+ G.) about, around, near
окончить *see* оканчивать
окошко *see* окно
окрестить *see* крестить
окружать / окружить surround
опасный dangerous
описывать / описать — опишу, опишет describe
опомниться *perf.* come to one's senses
оправдание justification, excuse
опускать / опустить (ст/щ) M. lower; *refl.* sink; subside
опустеть *see* пустеть
опытность *f.* experience
опять again
оратор orator

**Орлеа́нский** of Orleans

**орли́ный** (*adj. from* оре́л eagle) aquiline

**освеща́ть** / **освети́ть** (т/щ) light, illuminate; *refl.* be lit up

**оскорбля́ть** / **оскорби́ть** (б/бл) insult

**осо́ба** person

**остава́ться** — остаётся / **оста́ться** — оста́нется remain, stay, be left behind

о. дово́лен (+ I.) be satisfied with

**оставля́ть** / **оста́вить** (в/вл) leave, abandon

**остально́й** remaining

**остана́вливать** / **останови́ть** (в/вл) M. stop; *refl.* stop, halt

**оста́ться** *see* остава́ться

**остри́женный** cropped, shorn

**о́стрый** sharp, keen

**оступа́ться** / **оступи́ться** (п/пл) M. stumble; *cf. note 151*

**осчастли́вить** (в/вл) *perf.* make happy

**осьмидесятиле́тний** (*arch.* = восьмидесятиле́тний) eighty-year old

**от** (+ G.) from, as a result of

**отве́т** reply

**отвеча́ть** / **отве́тить** (т/ч) (+ D. *or* на + A.) answer; (за + A.) be responsible for

**отви́слый** pendulous

**отворя́ть** / **отвори́ть** open

**отврати́тельный** disgusting, repulsive

**отвя́зывать** / **отвяза́ть** — отвяжу́, отвя́жет untie

**отгиба́ть** / **отогну́ть** — отогнёт straighten out something which has been bent

**отере́ть** *see* отира́ть

**оте́ц**, отца́ father

**отжива́ть** / **отжи́ть** — отживёт, *past* о́тжил[2] finish one's life

**отзыва́ться** / **отозва́ться** — отзовётся call out in answer

**отира́ть** / **отере́ть** — отру́, отрёт, *past* отёр, -ла wipe dry

**отка́зывать** / **отказа́ть** — откажу́, отка́жет (+ D., в + P.) refuse, deny (someone something)

**отка́зываться** / **отказа́ться** (от + G.) refuse *intrans.*

**отка́лывать** / **отколо́ть** — отколю́, отко́лет, *past* отколо́л unpin

**откла́дывать** / **отложи́ть** M. put aside; unharness (*opposite of* закла́дывать)

**отколо́ть** *see* отка́лывать

**открыва́ть** / **откры́ть** — откро́ет open, discover, reveal

**откры́тый** open, exposed, public

откры́тый дом (*arch.*) 'open house'

**отлепля́ть** (*usually* отлепля́ть) / **отлепи́ть** (п/пл) M. remove something which has been sticking

**отложи́ть** *see* откла́дывать

**отлюби́ть** (б/бл) M. *perf.* to have done one's share of loving

**отозва́ться** *see* отзыва́ться

отойти́ *see* отходи́ть

отомсти́ть *see* мстить

отосла́ть, отошли́ *see* отсыла́ть

отошёл, отошла́ *see* отходи́ть

отпева́ть / отпе́ть — отпоёт carry out funeral rites

отпира́ть / отпере́ть — отопру́, отопрёт, *past* о́тпер, -ла́[2] unlock

отпи́сывать / отписа́ть — отпишу́, отпи́шет (*arch.*) deduct, write off

отправля́ться / отпра́виться (в/вл) set out

о́троду from birth, all one's life

отста́вка retirement, resignation

отсу́тствие absence

отсчи́тывать / отсчита́ть count out

отсыла́ть / отосла́ть — отошлю́, отошлёт send off, send back

отходи́ть (д/ж) М. / отойти́ — отойдёт, *past* отошёл, отошла́ move away

отцо́вский one's father's

отча́яние despair

отча́янный desperate

отыгра́ться *perf.* to make up one's losses by further gambling

офице́р officer

официа́нт waiter

охлажда́ть / охлади́ть (д/ж) cool down *trans.*

охо́та (к + D.) eagerness, desire (for)

очаро́ванный enchanted, held by a magic spell

о́чень very

очути́ться *perf.* find oneself, appear

ошиба́ться / ошиби́ться — ошибётся, *past* оши́бся, оши́блась make a mistake

оши́бка mistake

ощу́пывать / ощу́пать feel for, fumble

## II

Па́вел, Па́вла Paul

па́губа destruction, perdition

па́губный pernicious

па́дать / пасть — падёт, *past* пал, *and* упа́сть fall

па́мять *f.* memory
люби́ть без па́мяти love to distraction

па́перть *f.* church-porch

па́ра pair

Пари́ж Paris

пари́к wig

паро́ли *m. indecl.* (*French* paroli) a doubled stake at cards

паро́ли-пе́ (*French* paroli-paix) a quadrupled stake

пастушо́к *dim. of* пасту́х shepherd

пасть *see* па́дать

пау́к, паука́ spider

пе́рвый first

переводи́ть (д/ж) М. / перевести́ — переведёт, *past* перевёл[3], *ppp.* переведён-ный translate

пе́ред (+ I.) before, in front of

передава́ть — передаёт / переда́ть — переда́м, переда́ст, *past* пе́редал[2] hand over, pass

пере́дняя (ко́мната) anteroom, hall

перенима́ть / перена́ть — переймёт, *past* пе́ренял[2] take over, adopt

перепи́ска correspondence

переска́зывать / пересказа́ть — перескажу́, переска́жет retell

перестава́ть — перестаёт / переста́ть — переста́нет, *imperat.* переста́нь stop, give up

перо́, *pl.* пе́рья, пе́рьев pen

перча́тка glove

Петербу́рг St. Petersburg, *former name of Leningrad*

печа́льный sad, mournful

печа́ть *f.* seal

пе́чка *dim. of* печь stove

пи́ки *f. pl.* spades (cards); пи́ковая *adj.*

писа́ть — пишу́, пи́шет / на- write, paint

пистоле́т pistol

пи́сьменный сто́лик writing desk

письмо́, *pl.* пи́сьма, пи́сем letter

пить — пьёт / вы- drink

пла́кать — пла́чет / за- weep

пла́менный flaming, ardent

платёж, -а́ payment

плати́ть (т/ч) M. / за- pay

пла́тье dress, frock

плач weeping

плащ, плаща́ cloak; *in modern Russian* raincoat

плени́тельный captivating

пленя́ть / плени́ть captivate

плечо́, *pl.* пле́чи, плеч, плеча́м shoulder

пло́тный thick, close, tight

по (+ D.) along, about; by, in accordance with, on account of; *distributive* all over, in each

победи́тель *m.* conqueror, victor

побежа́ть *see* бежа́ть

поблагодари́ть *see* благодари́ть

побледне́ть *see* бледне́ть

побо́чный 'on the side', accessory; illegitimate

по́вар, *pl.* повара́ cook

поведе́ние behaviour, conduct

поверну́ться *see* повора́чиваться

поверте́ться *see* верте́ться

по́весть *f.* tale, story

повора́чиваться / поверну́ться — повернётся turn round

повторя́ть / повтори́ть repeat

погаси́ть *see* гаси́ть

погляде́ть *see* гляде́ть

пого́да weather

погоди́ть (д/ж) *perf.* (*coll.*) wait

погружённый (в + A.) immersed, absorbed, buried (in)

под (+ I. *or* A.) under; near (*a town*)

подава́ть — подаёт / пода́ть — пода́м, пода́ст, *past* по́дал[2] give, serve, hand; bring (*a vehicle round to the door*)

подава́ться / пода́ться (*coll.*) move

подбега́ть / подбежа́ть — подбегу́, подбежи́т (к + D.) run up to

подби́ться — подобьётся *perf.* (*coll.*) (в + A.) insinuate oneself into

подвига́ть / подви́нуть — по-
дви́нет, *imperat.* подви́нь
move over
поде́йствовать *see* де́йствовать
по́дле (+ G.) beside
подмоско́вный *adj.* in the environs of Moscow
поднима́ть (*coll.* подыма́ть) /
подня́ть — подниму́, подни́-
мет, *past* по́днял[2] lift, raise,
pick up; *refl.* rise
подно́жка folding step at carriage door
подня́ть *see* поднима́ть
подойти́, подошёл *see* подхо-
ди́ть
подпи́сывать / подписа́ть —
подпишу́, подпи́шет sign
подро́бный detailed
подру́га female friend
поду́мать *see* ду́мать
поду́шка cushion
подхва́тывать / подхвати́ть
(т/ч) M. catch up, join in
подходи́ть (д/ж) M. / подойти́
— подойдёт, *past* подошёл,
*pp. act* подоше́дший (к + D.)
come up to, approach
подъе́зд entrance, porch
подъезжа́ть / подъе́хать —
подъе́дет (к + D.) drive up
(to)
подыма́ть *coll.* = поднимать
пое́дем *see* е́хать
поеди́нок duel
пожа́л *see* пожима́ть
пожа́ловать *see* жа́ловать
пожа́луй *introd word expressing
possibility of something, in-
clination to agree with something*; here or even

пожа́луйста please
пожела́ть *see* жела́ть
пожима́ть / пожа́ть — пожмёт
press, shake (hands), shrug
(shoulders)
позабыва́ть / позабы́ть *coll.* =
забыва́ть / забы́ть
позва́ть *see* звать
позволе́ние permission
позволя́ть / позво́лить (+ D.)
permit
по́здний late, belated; по́здно
*adv.*
поздравля́ть / поздра́вить (в/
вл) (с + I.) congratulate (on)
позоло́та gilt
пойти́ *see* идти́
пока́ не until
показа́ться *see* каза́ться *and*
пока́зываться
пока́зывать / показа́ть — по-
кажу́, пока́жет show, demonstrate
пока́зываться / показа́ться appear
покати́ться *see* кати́ться
покло́н bow
поклони́ться *see* кла́няться
поко́й rest, peace
поко́йник, *f.* поко́йница deceased person, 'the late'
поко́йный placid, comfortable,
'the late'
поко́рный humble, obedient
покрыва́ть / покры́ть — покро́ет
cover; *refl.* be covered
пол, *loc. sg.* на полу́, *pl.* полы́
floor
полага́ть suppose, consider
полага́ть (*arch.* = класть) lay,
place

87

полгода, полугода half-year
поледенеть *see* леденеть
Полина Pauline
полинялый faded
полмиллиона half a million
полный full, plump
половина half
положение position, situation, state
положить *see* класть
полосатый striped
полунощный (*Ch. Sl.*) of midnight
получать / получить M. receive, get
померкнуть *see* меркнуть
помешать *see* мешать
поминутно every minute
помнить remember
помогать / помочь — помогу помо́жет, *past* помо́г, -ла́, *imperat.* помоги́ (+ D.) help
помощник, *f.* помощница assistant
помышление (*arch.*) thought
по-немецки in German
понимать / понять — поймёт, *past* понял² understand
понтёр punter
понтировать (ов/у) / с- punt, stake against the bank
понять *see* понимать
поправлять / поправить (в/вл) put right, adjust
по-прежнему as before
попробовать *see* пробовать
пора́, поры́, A. *sg.* по́ру, *pl.* по́ры time
до сих пор till now, to this day
поражать / поразить (з/ж) strike, affect

порошковый *adj. from* порошок powder; порошковые карты sharper's cards with additional pips drawn on with chalk
портрет portrait
порядок, -дка order, orderly conduct
порядочный decent, considerable
поседеть *see* седеть
посетитель *m.* visitor
посланник envoy
послать *see* посылать
после (+ G.) after; *adv.* afterwards
последний last
послужить *see* служить
послушать *see* слушать
посмеяться — посмеётся *perf.* (над + I.) have a laugh at
посмотреть *see* смотреть
посоветоваться *see* советоваться
поспешно hurriedly
поспешность *f.* haste
пост, поста fast
поставить *see* ставить
постареть *see* стареть
постигать / постигнуть *or* постичь — постигнет, *past* постиг, -ла understand
поступать / поступить (п/пл) M. act
поступок, -пка action
посылать / послать — пошлю, пошлёт send
потаённый (*arch.*) secret
потеря loss
потерять (ся) *see* терять (ся)
потом then, afterwards

88

потому́ for this reason, because of that

потому́ что because

потяну́ть *see* тяну́ть

похо́дка walk, step

похо́жий (на + A.) similar (to), like

по́хороны, похоро́н, похорона́м *f. pl.* a funeral

поцелова́ть *see* целова́ть

почему́ why, for what reason

почте́нный respected, venerable

почти́тельный respectful

почу́вствовать *see* чу́вствовать

пошёл, пошла́ *see* идти́

по́шлый vulgar, cheap

пощёчина slap

пра́ведник, *f.* пра́ведница righteous person

пра́вило rule

пра́внук great-grandson, great-grandchild

пра́во, *pl.* права́ (на + A.) right (to)

пра́во *introd word* really

пра́вый right

превосходи́тельство excellency (*form of address to the two top ranks in Imperial Russia*)

пред (*Ch. Sl.*) = пе́ред

преда́ние tradition

предви́деть — предви́жу, предви́дит foresee

предлага́ть/предложи́ть M. offer

предполага́ть suppose

предпочита́ть / предпоче́сть — предпочтёт, *past* -чёл, -чла́ (что́-н. чему́-н.) prefer (one thing to another)

предрассу́док, -дка prejudice, superstitious belief

председа́тельство chairmanship

представля́ть / предста́вить (в/вл) present, introduce; *refl.* be presented, appear

пре́жний former, previous

презира́ть / презре́ть — презри́т scorn, despise

пре́лесть *f.* charm

прельща́ть / прельсти́ть (ст/щ) entice, captivate

пренесча́стный most unfortunate; *see note 59*

препя́тствие obstacle

прерыва́ть / прерва́ть — прервёт, *past*[2] interrupt

пресле́дование pursuit

пресле́довать (ов/у) pursue, persecute

престаре́лый aged

прете́нзия claim, pretension

прехоло́дный extremely cold; *see note 59*

при (+ P.) at, in the presence of, in connection with

прибега́ть / прибе́гнуть — прибе́гнет, *past* прибе́г, -ла (к + D.) resort to, fall back on

прибега́ть / прибежа́ть — прибегу́, прибежи́т (к + D) come running, run up to

приближа́ться / прибли́зиться (з/ж) (к + D.) approach

приближе́ние approach

прибо́р set of instruments, place set at table, cover

привезти́ *see* привози́ть

привести́ *see* приводи́ть

привлека́ть / привле́чь — привлеку́, привлечёт, *past* привлёк, -ла́ attract

89

приводи́ть (д/ж) M. / приве́сти — приведёт, *past* привёл, -а́ lead, bring

привози́ть (з/ж) M. / привезти́ — привезёт, *past* привёз, -ла́ bring

привы́чка habit

приготавливать (ся) / приготовить (ся) (в/вл) prepare

приготовле́ние (к + D.) preparation (for)

пригре́зиться *perf.* (+ D.) to appear in a dream

приезжа́ть / прие́хать — прие́дет come, arrive

прижима́ть / прижа́ть — прижмёт press to, clasp

признава́ться — признаётся / призна́ться — призна́ется (в + P.) admit, confess (to something)

призна́ние (в + P.) acknowledgment, confession, declaration (of)

прийти́ (сь) *see* приходи́ть (сл)

приказа́ние order

прика́зывать / приказа́ть — прикажу́, прика́жет (+ D.) order, command

прили́чие propriety, decorum

принести́ *see* приноси́ть

принима́ть / приня́ть — прпму́, при́мет, *past* при́нял[2], *ppp.* при́нятый take, accept, receive, adopt; (за + A.) take for, mistake for

принима́ться / приня́ться (за + A.) take up, begin

приноси́ть (с/ш) M. / принести́ — принесёт, *past* принёс, -ла́ bring

принц prince (non-Russian)

приня́ть *see* принима́ть

приобрета́ть / приобрести́ — приобретёт, *past* приобрёл, -а́ obtain, gain

приподнима́ть / приподня́ть — приподниму́, приподни́мет, *past* припо́днял[2] lift slightly; *refl.* be raised slightly

припомина́ть / припо́мнить recall

приро́да nature

прислоня́ться / прислони́ться (к + D.) lean against; прислоня́сь *perf. ger.* — *see note 68*

пристра́стие (к + D.) partiality (to), predilection (for)

присыла́ть / присла́ть — пришлю́, пришлёт send

притяза́ние (на + A.) pretension, claim (to)

приходи́ть (д/ж) M. / прийти́ — придёт, *past* пришёл, -шла́ come, arrive

при́хоть *f.* caprice, fancy

причёсывать / причеса́ть — причешу́, приче́шет comb, dress (hair)

причи́на cause, reason

пришёл, пришла́, *etc. see* приходи́ть

пришли́ *see* присыла́ть

прищу́ривать / прищу́рить (*normally* + A., *here* + I.) screw up

прищу́риваться / прищу́риться screw up one's eyes

прия́тель *m.* friend

про (+ A.) (coll. = o) about

пробега́ть / пробежа́ть — пробегу́, пробежи́т run through, scan

пробираться / пробраться —
проберётся, *past* пробрался[2]
make one's way with difficulty
пробить — пробьёт *perf.* strike
(of a clock)
пробовать (ов/у) / по- try, test
пробраться *see* пробираться
проводить (д/ж) М. / провести
— проведёт, *past* провёл, -á,
*pp. act.* проведший conduct,
escort; spend (time)
проворство agility, quickness
прогулка walk, outing; carouse
прогуливаться / прогуляться
take a walk, go for a drive
продолжать continue
прозвонить *perf.* ring out, strike
проигрывать / проиграть lose;
*refl.* lose *intrans.* (*see note* 6)
проигрыш loss
производить (д/ж) М. / произ-
вести — произведёт, *past*
произвёл, -á, *ppp.* произве-
дённый produce, promote —
*see note* 11
произносить (с/ш) М. / про-
изнести — произнесёт, *past*
произнёс, -лá pronounce
происходить (д/ш) М. / про-
изойти — произойдёт, *past*
произошёл, -шлá happen
пройти *see* проходить
прокидка a throw (*at faro the
dealing of two cards*)
прокрадываться / прокрасться
— прокрадётся, *past* про-
крался creep past, steal one's
way
проливать / пролить — про-
льёт, *past* пролил[2] spill, shed

проматывать / промотать
squander
пропадать / пропасть — про-
падёт, *past* пропал disappear,
go to waste
просиживать sit; *see note* 76
просить (с/ш) М. / по- (+ A.
*or* G.) ask, request
проснуться *see* просыпаться
просовывать / просунуть —
просунет push through, shove
in
простирать / простереть — про-
стрёт, *past* простёр, -ла extend
простить (ся) *see* прощать (ся)
простой simple, ordinary
просунуть *see* просовывать
просыпаться / проснуться —
проснётся wake up
просьба request
против *and arch.* противу (+G.)
against, opposite, contrary to
протягивать / протянуть —
протяну, протянет stretch out
профиль *m.* profile
проходить (д/ж) М. / пройти —
пройдёт, *past* прошёл, -шлá
go along / through, pass
прохожий passer-by
процент per cent; *pl.* interest
прочий other; и прочая (*arch.
n. pl., now* и прочее) and so
on, et cetera
прочла *see* читать
прошёл, прошла *see* проходить
прощать / простить (ст/щ) for-
give; *imperat. also* farewell
прощаться / проститься (ст/щ)
(с + I) say good-bye, take
leave of

91

прощённе pardon, forgiveness
прямо́й straight, direct
пря́тать — пря́чет / с- hide
пу́блика public
пуга́ть / ис- frighten
пуга́ться / ис- (+ G.) be frightened (of)
пу́дреный powdered
пуза́стый fat-bellied
пусте́ть / о- become empty, deserted
пусто́й empty
путеше́ствие journey, travel
пухо́вый of down
пы́шный luxurious, magnificent
пья́ный drunk(en)
пя́льцы m. pl.embroidery-frame
пя́тница Friday
пя́тый fifth
пять, пяти́ five
пятьдеся́т, пяти́десяти fifty

## Р

рабо́та work
равноду́шие indifference
равноду́шный indifferent
ра́ди (+ G) for the sake of
раз, G. pl. раз a time, once
в пе́рвый раз for the first time
ни ра́зу never once
разбо́йник robber
развали́ться / развали́ться M. sprawl; развали́сь cf. note 68
ра́зве interrog. pcle. is it possible that .. ?; isn't there .. ?; perhaps
разгля́дывать / разгляде́ть — разгляжу́, разгляди́т make out
разгово́р conversation

раздава́ться / разда́ться — разда́стся, past разда́лся[3] resound, be heard
раздева́ться / разде́ться — разде́нется undress
разжире́ть see жире́ть
разлива́ть / разли́ть — разольёт, past разли́л[2] pour out, serve
разли́чный various
размышле́ние reflection, meditation
ра́зница difference
ра́зный various, different
разойти́сь see расходи́ться
разорва́ть see разрыва́ть
разреше́ние permission; arch. breaking (of fast)
разрумя́ненный rouged
разрыва́ть /разорва́ть — разорвёт, past разорва́л[2] tear to pieces
разъезжа́ться / разъе́хаться — разъе́дутся disperse, go their separate ways
раска́яние repentance, remorse
раскрыва́ть / раскры́ть — раскро́ет open
распеча́тывать / распеча́тать unseal, open
распла́чиваться / расплати́ться (т/ч) M. (с + I.) pay up
располага́ть / расположи́ть M. (+ I.) have at one's disposal
распоряжа́ться/распоряди́ться (д/ж) give orders, make arrangements
распу́хлый swollen
рассвета́ть /рассвести́ — рассветёт, past рассвело́ get light, dawn

рассердить *see* сердить
рассеянность *f.* distraction, absent-mindedness
рассеянный absent-minded
рассказывать / рассказать — расскажу, расскажет tell
расстроенный upset, distraught
рассуждать reason
рассуждение reasoning, argument
рассчитывать / рассчитать calculate, decide
рассчитываться / рассчитаться *or* расчесться — разочтётся, *past* расчёлся settle an account, pay off
расход expenditure
расходиться (д/ж) М. / разойтись — разойдутся, *past* разошлись disperse
расчёлся *see* рассчитываться
расчёт calculation, account, thrift
расчётливый calculating, prudent
рвать — рвёт, *past*² tear up
ребячиться act like a child
редкий rare, infrequent
решать / решить decide
решаться / решиться (на + A.) make up one's mind (after consideration) to something
решительно decidedly, definitely, with determination
ровесник, *f.* ровесница person of the same age, contemporary
ровный even, regular; *adv.* exactly
род kind
родственник, *f.* рдственница relative

роза rose
рознь (*normal spelling* рознь) *lit.* difference; *used chiefly in such phrases as* долг долгу рознь there are debts and debts
роковой fateful
роль *f.* role, part
роман novel
романический romantic, *in the sense* out of a romantic novel
ропот murmur
ротмистр (*arch.*) captain (of cavalry); the 8th rank from the top in the army
рука, руки, G. *sg* руку, *pl.* руки, рук, рукам hand, arm; handwriting
под руку (под руки) arm in arm
рулетка roulette; *here* a toy consisting of a coloured disc running up and down a cord
румяна *n. pl.* G. румян rouge
румянец redness, high colour (of cheeks)
румяный ruddy-cheeked
руте *n. indecl. see note* 7
рыхлый crumbling, loose
рюмка, *dim.* рюмочка wineglass
ряд, *pl.* ряды row, series

# С

с, со (+ G.) from, off, since
с, со (+ I.) with; с тем, чтобы on condition that
с, со (+ A.) about (the size of), *see note.* 27
-с sir: *see note 58*

93

садиться (д/ж) / сесть — ся́дет, *past* сел sit down, get on/in (a vehicle)
са́льный of tallow (са́ло)
сам, сама́, само́, са́ми oneself
самолюби́вый proud, touchy
са́мый the very, most, itself; cf. note *47*
  тот же са́мый the very same
сара́товский in Saratov province
са́хар sugar
сбива́ть / сбить — собьёт knock off
све́жий *n. sg.* све́жее, *comp.* свеже́е fresh
сверка́ть glitter, gleam
свет light, world; большо́й свет fashionable society
свети́ть (т/ч) M. shine; *refl.* gleam, give out a faint light
све́тло-зелёный light green
свеча́, *pl.* све́чи, свече́й, свеча́м, *dim.* све́чка candle
свида́ние meeting, rendezvous
свиде́тель *m.* witness
своенра́вный wilful, capricious
свои́ one's, my, his, *etc.*
сво́йственный (+ D.) peculiar (to), of one's own, suited (to)
свято́й holy, sacred
святы́ня sacred *or* holy thing
сгорблённый bent, hunched
сде́лать *see* де́лать
себе́, себя́ oneself
сего́ *see* сей
сего́дня today
седе́ть / по- turn grey
седина́ grey hair
седо́й grey
седо́к, седока́ rider, passenger, 'fare'

сей, сия́, сие́, *pl.* сии́ (*arch.*) this
сейча́с now, immediately
сел *see* сади́ться
семе́йство family
семёрка a seven *or* set of seven things
семидеся́тый seventieth
се́мпель *m.* (*French* simple) a single stake on a card (not doubling the stake by bending down a corner)
семь, семи́ seven
се́мьдесят, семидесяти seventy
се́ни, сене́й *f. pl.* entrance hall
серди́тый angry, irritable
серди́ть (д/ж) M. / рас- annoy, make angry
серди́ться (д/ж) M. / рас- (на + A.) be angry, annoyed (with)
се́рдце, *pl.* сердца́ heart
серебро́ silver; сере́бряный *adj.*
сертук (*arch;* coll. *for* сюрту́к) kind of frock-coat
сесть *see* сади́ться
сжа́литься *perf.* (*arch.*) (над + I.) have pity on
сиде́ть — сижу́, сиди́т sit
си́ла strength, power, force
  не в си́лах incapable
си́льный strong, powerful
сим *see* сей
симметри́я symmetry
сих, сию́ *see* сей
сия́тельство: ва́ше с. Your Grace
сказа́ть *see* говори́ть
ска́зка fairy-tale
ска́зывать (*arch. frequentative*) say, used to say

94

скаме́ечка *dim. of* скамья́, ска-
ме́йка bench; *here* footstool
сквозно́й transverse, running
through from one side to the
other
сквозь (+ A.) through
скла́дывать / сложи́ть M. fold
сложа́ ру́ки with arms folded; *see note 68*
скользи́ть (з/ж) / скользну́ть
— скользнёт slide, glide
ско́лько (+ G.) how much, how
many
ско́ро quickly, soon
как ско́ро as soon as
скрыва́ть / скрыть — скро́ет
hide, conceal; *refl.* disappear
скры́тный reticent, secretive
скры́тый concealed
скупо́й mean, miserable
ску́чный boring, dull
сла́бый weak, feeble
сла́ва glory, fame
сла́ва Бо́гу thank God
сла́вный famous, excellent
сле́ва on the left
слегка́ slightly, gently
сле́довать (ов/у) / по- (за + I.)
follow; (+ D.) conform to
сле́дующий following, next
слеза́, *pl.* слёзы, слёз, слеза́м
tear
слепо́й blind
слива́ться / сли́ться — со-
льётся flow together, unite
сли́шком too (much)
сло́во, *pl.* слова́ word; oration,
sermon
че́стное сло́во word of honour
на́ слово on credit
сло́во в сло́во word for word

сложи́ть *see* скла́дывать
слуга́, *pl.* слу́ги servant
слу́жба service
служи́ть M. / по- (+ D.) serve,
work
слу́чай chance, occasion, opportunity
случа́ться / случи́ться happen
слу́шать / по- listen
слыха́ть (*coll.*) hear (frequently);
*common in past after* не
слы́шать — слы́шит / у- hear
сме́лый bold
смерть *f.* death
сметь — сме́ет / по- dare, ven-
ture
смех laughter
смея́ться — смеётся / за-, *ger.*
смея́сь (над + I.) laugh at;
*perf.* burst out laughing
смире́нный humble, meek
смотре́ть — смотрю́, смо́трит /
по- (+ A. *or* на + A.) look
at, watch
смуща́ться / смути́ться (т/щ)
be confused, embarrassed
сна *see* сон
снег snow
снима́ть / снять — сниму́, сни́-
мет, *past*[2] take off; cut (cards)
снисходи́тельный condescending, indulgent
сно́ва again
сноше́ние relations, intercourse
снять *see* снима́ть
собира́ть / собра́ть — соберёт,
*past*[2] gather, collect; *refl.* as-
semble, meet
собла́зн temptation
соблазня́ться / соблазни́ться
be tempted

собо́лий, собо́лья, собо́лье *rel.*
*adj. from* со́боль *m.* sable
собра́ть *see* собира́ть
собьёшь *see* сбива́ть
соверша́ть / соверши́ть perform
соверше́нно completely, quite,
absolutely
соверше́нный complete
сбвестить (ст/щ) / y- (*arch.*)
make ashamed
сбвесть *f.* conscience
сове́тник counsellor; та́йный
сове́тник Privy Counsellor,
the third highest rank in
Imperial Russia
сове́товаться (ов/у) / по- (с
+ I.) get advice from
совсе́м quite, completely
согла́сие agreement, consent
соглаша́ться / согласи́ться
(с/ш) agree
содержа́ть — содержу́, содер-
жит contain
сожале́ть *imperf.* (== жале́ть)
regret
созда́ние creature
сойти́ *see* сходи́ть
сон, сна sleep, dream
сбника (*French*) to win or lose
on the first card played
сопровожда́ть accompany
сопряжённый (*arch.*) (с + I.)
bound up with
соразме́рный (+ D.) propor-
tionate (to)
сорва́ть *see* срыва́ть
сброк, сорока́ forty
соска́кивать / соскочи́ть M.
leap off

составля́ть / соста́вить (в/вл)
make up, compile, create;
*refl.* be formed
состоя́ние state, condition;
means, property
быть в состоя́нии be able
со́тый hundredth
сохраня́ть / сохрани́ть preserve. keep up
сочине́ние composition, work
соше́дший, сошёл *see* сходи́ть
спада́ть / спасть — спадёт,
*past* спа́л, -а fall down *or* off
спа́льный sleeping-
спа́льня bedroom
спаса́ть / спасти́ — спасёт,
*past* спас, -ла́ save
спать — сплю, спит, *past* спал,
-а́, *pres. part. act.* спя́щий
sleep
спеши́ть / по- hurry, be in a
hurry
сплета́ть / сплести́ — сплетёт,
*past* сплёл, -а́ weave; con-
coct
споко́йный, *sht. fm. m.* споко́ен
calm, at rest
споко́йствие calm, peace
спонти́ровать *see* понти́ровать
спо́соб way, means
спосо́бность *f.* capability, abi-
lity, power
спра́ва on the right
спра́шивать / спроси́ть (с/ш)
M. (кого́-н. *or* у кого́-н.) ask,
enquire; (что́-н. *or* чего́-н.)
ask to be given something
спря́тать *see* пря́тать
спуска́ться / спусти́ться (ст/щ)
M. descend
спя́щий *see* спать

срӗдство means
срывӓть / сорвӓть — сорвёт,
past[1] tear off
срӓду (coll.) = подрӓд one after
the other
стӓвить (в/вл) / по- place, put
standing; stake
стакӓн glass, tumbler
становӥться (в/вл) M. / стать
— стӓнет take up a position
standing; (+ I.) become; perf.
begin
старӓтельный assiduous, pain-
staking
старӗть / по- grow old
старинӓ antiquity, old days
старӥнный old, old-fashioned
стӓрость f. old age
старӱха old woman
стӓрый old
стасовӓть see тасовӓть
стӓтский civilian; see note 43
стать see становӥться
стӓться perf. (coll.) become;
мӧжет стӓться (coll.) perhaps
стенӓ, стены, A. sg. стӗну, pl.
стӗны, стен, стенӓм wall
стӥскивать / стӥснуть — стӥс-
нет clench, grit
сто, ста hundred
стӧить (+ G. or A.) cost, be
worth
стол, столӓ, dim. стӧлик table
столбнӓк, -ӓ tetanus; stupor
столӗтие century
столӧвый table-, dining-
столь adv. so
сторонӓ, стороны, A. sg. стӧ-
рону, pl. стӧроны, сторӧн,
сторонӓм side, direction
с моӗй стороны on my part

стоӓть — стою, стоӥт stand
страдӓть / по- (+ I. or от + G.)
suffer (from)
странӥца page
стрӓнный strange, odd
стрӓстный passionate
страсть, pl. стрӓсти, страстӗй
passion
стрӓшный terrible
стрӗлка hand (of watch or clock)
стрӧгий (к + D.) strict, severe,
hard (on)
стрӧйный well-proportioned,
elegant
строкӓ, pl. стрӧки, строк, стро-
кӓм line (of writing)
стук any sharp banging sound,
e.g. knocking, clattering
стул, pl. стӱлья, стӱльев chair
ступӓть / ступӥть (п/пл) M.
step, go
ступӗнь f. step
стыдно: ему стыдно he is
ashamed
сӱдарь m. (arch.) sir
судьбӓ fate, destiny
сӱетность f. (arch.) vanity
сӱетный (arch.) vain, worldly
сӱмма sum
супрӱг, f. супрӱга spouse
сурӧвый stern, austere
сӱтки, сӱток f. pl. a day, twenty
four hours
существовӓть (ов/у) exist
схватӥть see хватӓть
сходӥть (д/ж) M. / сойтӥ —
сойдёт, past сошёл, сошлӓ,
pp. act с(о)шӗдший go / come
off, go down, descend
с. с. умӓ go mad
схӧдство resemblance

сходствовать (ов/у) (*arch.*) (с
+ I.) resemble
сцена scene
счастливец, -вца lucky man
счастливый happy, lucky
счастье happiness, luck
счёт, *pl.* счета (*and arch.* счёты)
account
сын, *pl.* сыновья, сыновей son
сыпать — сыплю, сыплет scatter, strew

### Т

табакерка snuff-box
таинственность *f.* mysteriousness
таинство mystery
таить — таю, таит hide, keep
secret
тайна secret
тайный secret, clandestine
так so, thus, like that
   так же ... как ... (just)
as ... as ...
также also
таков, такова, таково, таковы
such, like that
такой such
   что такое? *see note 34*
   такой же similar
талья game or round of faro;
*see note on faro*
там there
танцевать (ев/у) — танцует
dance
таскаться drag oneself, frequent
тасовать (ов/у) / с- shuffle
(cards)
твердить (д/ж) repeat, keep
repeating

твёрдость *f.* firmness, steadfastness
твёрдый firm, steady
твой your
те *see* тот
тело, *pl.* тела body
тёмный, *predicative* темно dark,
dim
теперь now
теплиться burn (of ikon lamp)
терзаться be in torment
терять / по- lose, waste
тесниться / по- crowd together
тесный close, intimate
тигр tiger
тихий quiet, peaceful
тихонько very quietly
то *pron. see* тот
то *cj.* then, *or not translated*
то ... то ... at one moment ...
at the next ...; either ...
or ...
товарищ comrade, colleague
тогда then, at that time
толк sense
   сбить с толку bewilder, confuse; *see note 5*
толпа, *pl.* толпы crowd
толстый thick, fat
только only
том volume
торжественность *f.* solemnity
торопливый hurried
торчать — торчит stick up, be
in evidence
тот, та, то, те that, the latter
   тот же the same
   то же самое the very same
(thing)
   то есть that is

**тотчас** right away
**точный** exact, precise
**тощий** very thin, emaciated
**трактир** (*arch.*) inn, restaurant
**траур** mourning
**требование** demand
**требовать** (ов/у) / по- (+ G.) demand; *refl.* be necessary
**тревожить** / вс- disturb, trouble
**трепет** trembling, trepidation, excitement
**трепетать** — трепещу, трепещет / за- tremble, be restless, show agitation; *perf.* give a start
**третий**, третья, третье, третьи third
**треугольный** three-cornered
**трёхсот** G. *of* триста three hundred
**три, трёх** three
**тридцать**, тридцати thirty
**трогательный** touching, moving
**тройка** a three *or* set of three things
**трубка** pipe
**трудолюбие** industry, diligence
**трястись** — трясётся, *past* трясся, тряслась shake, tremble
**туалет** toilet
**туз, туза** ace; important person
**тусклый** dim, wan
**тут** here, there
тут же in the same place, right there
**туфля** slipper
**тщеславие** vanity
**тысяча** thousand
**тяжёлый** heavy, sad

**тянуть** — тяну, тянет / по- pull, draw; *refl.* draw out, drag along

## у

**у** (+ G.) at, at the house of; from (*with* купить, просить, *etc.*) у себя at one's own house or place
**убеждать** / убедить, *ppp.* убеждённый convince
**убивать** / убить — убьёт, *ppp.* убитый kill; beat (with a higher card)
**убийца** *m. and f.* murderer
**убирать** / убрать — уберёт, *past*² tidy away; deck, adorn
**убить** *see* убивать
**уборная** dressing-room, (*in modern Russian* lavatory)
**убрать** *see* убирать
**уважение** respect
**уверенный** convinced, confident, sure
**уверять** / уверить (в + P) assure (of); *refl.* be convinced
**увеселение** amusement, diversion
**увиваться** / увиться — увьётся dance attendance on
**увидеть** *see* видеть
**увядать** *or* вянуть — вянет, *past* вял / увянуть, *pp. act.* увядший fade, wither
**угадывать** / угадать guess, divine
**угловой** *adj. from* угол *see note* 78
**угол, угла**, *loc.* в углу, *dim.* уголок corner
**угольный** (*coll.*) corner

99

угроза threat
угрызение gnawing, pricking
(of conscience)
удаваться — удаётся / удаться
— удастся, *past* удался,
удалось (+ D. *of person*)
succeed
удаляться / удалиться move
away, retire
удачный successful, apt
удваивать / удвоить double
удивительный surprising, asto-
nishing
удивляться / удивиться (+ D.)
be astonished, surprised (at)
удостоверяться / удостове-
риться (в + P.) ascertain,
be assured of
удостоивать *or* удостаивать /
удостоить (+ I.) consider
worthy of; (+ G.) confer,
grant, honour (with)
уединённый secluded, soli-
tary
уезжать / уехать — уедет drive
away, leave
уж *emphatic pcle. — see notes 38,
109*
ужас terror, horror
ужасать / ужаснуть — ужаснёт
horrify
ужасный terrible, dreadful
уже *adv.* already; *or emphatic
pcle.*
уже никто no-one whatever
ужинать have supper
узкий, *dim.* узенький narrow
узнавать — узнаёт / узнать —
узнает get to know, find out,
learn; recognise
уйти *see* уходить

указывать / указать — укажу,
укажет (на + A.) point to
украшать / украсить (с/ш) de-
corate
украшение decoration
укутанный (в + A.) wrapped
up, muffled up in
улица street
улыбаться / улыбнуться —
улыбнётся smile
улыбка smile
ум, ума mind, intelligence
сойти с ума go mad
умеренность *f.* moderation,
temperance
умереть *see* умирать
уметь — умеет / с- know how
to, be able to
умилительный moving, excit-
ing tender feeling
умирать / умереть — умрёт,
*past* умер, -ла die
умолкать / умолкнуть — умолк-
нет, *past* умолк, -ла fall
silent
умолять / умолить (+ A., о
+ P.) plead, entreat, beg
(for)
умрёт *see* умирать
унижаться / унизиться (з/ж)
descend, abase oneself
униматься / униться — уй-
мётся, *past* унялся[3] calm
down, subside, be dissuaded
упасть *see* падать
упиваться / упиться — упьётся
(+ I.) be drunk with, revel
in
упорный persistent, stubborn
употреблять / употребить
(б/бл) use

управи́тель *m.* bailiff, manager of estate on behalf of landowner

упрека́ть / упрекну́ть — упрек-нёт (в + P.) reproach (for)

упро́чивать / упро́чить make secure, consolidate

уро́дливый monstrous, hideous

усемеря́ть / усемери́ть multiply by seven

уси́лие effort

услу́га service, assistance

услу́живать / услужи́ть M. (+ D.) do a favour, oblige

услы́шать *see* слы́шать

усмеха́ться / усмехну́ться — усмехнётся laugh briefly, grin

усо́вестить *see* со́вестить

усове́щивать = со́вестить

усо́пший (*ppp. from* усыпа́ть to fall asleep *Ch. Sl.*) dead person

успева́ть / успе́ть — успе́ет have time, manage

успе́ние (*Ch. Sl.*) falling asleep, death

устано́вленный established

устремля́ть / устреми́ть (м/мл) aim, direct
у. глаза́ (на + A.) fix one's eyes, stare (at)

усыпа́ть — усыпа́ет / усы́пать — усы́плет strew

утоля́ть / утоли́ть slake, quench, satisfy

уто́пленник drowned person

уто́пленный *ppp. of* топи́ть / утопи́ть drown (*trans.*)

утра́ивать / утро́ить treble

у́тро morning

у́хо, *pl.* у́ши, уше́й ear

уходи́ть (д/ж) M. / уйти́ — уйдёт, *past* ушёл, ушла́ go away

уча́ствовать (ов/у) participate

уча́стие participation
принима́ть уча́стие take part

уча́стник, *f.* уча́стница participant

у́часть *f.* fate

учрежда́ть / учреди́ть (д/ж) found, establish

учти́вый deferential

### Ф

фантасти́ческий fantastic

фарао́н faro; *see note on p.* 59

фарфо́ровый porcelain

Фе́бов *poss. adj. from* Феб Phoebus, the Greek god of lyric poetry

фи́жмы *f. pl.* hoop-skirt

физи́ческий physical

филосо́фский philosopher's

фона́рь, фонаря́ lantern, street lamp

фо́рточка small hinged ventilating panel in the upper part of a window

форту́на fortune (*the name of the Roman goddess of destiny and chance*)

фре́йлина (*German* Fräulein) lady-in-waiting

### Х

хвата́ть / схвати́ть (т/ч) M. seize, grab

хладнокро́вие sang-froid, composure

хлеб bread
хлопать / хлопнуть — хлопнет
bang
хлопоты f. pl. trouble, bother
хлопья, хлопьев no sg. large
flakes
хмуриться / на- frown; ger.
нахмурясь see note 68
ходить (д/ж) M. go, walk (not
at a specific moment)
хозяин, pl. хозяева landlord,
host
хозяйка landlady, owner
холодный cold
хороший good; sht. fm. hand-
some, pretty
хотеть — хочет, pl. хотят
· (+ A. or G.) want
хоть even, at least; or = хотя
хотя although
христианский Christian
худой bad; thin
худощавый thin, lean

## Ц

царствовать (ов/у) reign
цвести — цветёт, past цвёл, -а́
bloom, blossom
цвет, pl. цвета colour
цветок, -тка, pl. цветы flower
целовать (ов/у) / по- kiss
целый whole
цена, цены, A. sg. цену, pl.
цены price, value
церемониться stand on ceremony
церковь, церкви church

## Ч

чай tea
чай: я чай see note 38
час, loc. в часу, pl. часы hour;
pl. a clock or watch
который час? what time
is it?
час от часу from hour to
hour, progressively
часовой adj. from часы watch
часто often
чей, чья, чьё, чьи whose
человек man, person
человеческий human
челядь f. (arch.) household staff
чем than
чепец, чепца bonnet
червонец, -нца gold coin of
five or ten roubles
червонный (cards) of hearts
(черви or червы f. pl.)
черёд, череда (coll. = очередь
a turn): идти своим чередом
take its normal course
через (+ A.) across, through
через пять минут in five
minutes, five minutes later
черноволосый black-haired
чёрный black
чёрт, pl. черти, чертей devil
черта feature
честный honest, honourable
честолюбивый ambitious
честь f. honour
честью on one's honour
четверо collective four
четверть f. quarter
четыре, четырёх four

число́, *pl.* чи́сла number
  в том числе́ including
чи́стый clean, pure
  чи́стые де́ньги hard cash
чита́ть / про- *or* прочёсть —
  прочтёт, *past* прочёл, прочла́
  read
чрез (*arch.*) = че́рез
чрезвыча́йно extremely
чтить — чту, чтит (*arch.*) respect
что *pron.* what; *cj.* that
  что ты! what are you saying
  (*with surprise or annoyance*)
  что с тобо́й! what is wrong
  with you?
  что за *coll.* = како́й what
  kind of, what
  что ли or something, or what
что́бы, чтоб that, so that, in
  order to
что́-нибудь something, anything
что́-то something
чу́вство feeling, emotion
чу́вствование (*arch.*) feeling
чу́вствовать (ов/у) / по- feel,
  be aware of
чуда́к, чудака́ eccentric
чуде́сный miraculous, marvel-
  lous
чу́дный miraculous, fantastic
чудо́вище monster
чу́ждый foreign, alien
чужо́й someone else's, not one's
  own
чуло́к, -лка́ stocking
чуть scarcely
чуть не almost, nearly

# Ш

шаг, *pl.* шаги́ footstep
ша́лость *f.* prank
шампа́нское (вино́) champagne
шанда́л heavy candlestick
шар, *pl.* шары́ sphere, balloon
ша́ркать shuffle, scrape
шарлата́н charlatan
швейца́р doorkeeper
шевели́ть / по- *and* шевель-
  ну́ть — шевельнёт (+ I.)
  move slightly (*trans.*); *refl.*
  move, stir (*intrans.*)
шепта́ть — шепчу́, ше́пчет /
  шепну́ть — шепнёт whisper
шёпот whisper
шесть, шести́ six
шестьдеся́т, шести́десяти
  sixty
ши́рма *or* ширм (*normally used
  in pl.*) a folding screen
ши́тый embroidered
шить — шьёт / с- sew
шля́па, *dim.* шля́пка hat
шпи́лька hair-pin
шпио́н spy
што́фный covered with damask
шу́ба fur coat
шу́мный noisy
шути́ть (т/ч) М. / по- (над + I.)
  joke (about)
шу́тка, G. *pl.* шу́ток *joke*

# Щ

щека́, щеки́, A. *sg.* щёку, *pl.*
  щёки, щёк, щека́м cheek
щель *f.*, · *dim.* щёлка crack,
  chink

## э

эгоизм egoism
экипаж carriage, coach
эликсир elixir
эпизод episode
этикет etiquette
этот, эта, это, эти this, that

## я

являться / явиться (в/вл) *M*.
present oneself, put in an
appearance
язык, языка tongue, language
яркий bright